こうすれば発明・アイデアで 一攫千金も夢じゃない！

あなたの出番ですよ！

発明学会会長
東京日曜発明学校校長
中本繁実［著］

日本地域社会研究所

コミュニティ・ブックス

●タダの頭と手と足は、たくさん使っても、ムダなお金は使うな！

最初に、本書で教えたいこと、「○○の作品を製品化できるプログラム」を書きます。

筆者が教えたいことは、あなたもめざそう！　発明家→特許の出願→製品化→〝一攫千金〟ということです。

発明家は、○○の作品を特許（発明）に出願するだけではいけません。もう一歩先の製品化に結びつけることが特許（発明）のゴールです。

特許庁（東京都千代田区霞が関3－4－3）へ特許の出願をすることは、特許（発明）を単なる思いつきに終わらせないという意味では、とても大切なことです。ところが、まだ、その先があります。

特許の出願＝製品化の実現ではありません。だから、出願するだけでは、「発明ライフ」の折り返し点くらいに考えましょう。正直、製品化への道のりは、平坦ではありません。

筆者は、これまで（37年間で）、約10万件の特許（発明）の指導、育成をしてきました。

○○の作品を製品化できる人には、特別な知識が必要かというと、そうでもありません。

もともと〝発明力〟は、生まれつきの才能ではないのです。

女性は、とても我慢強くてなかなかあきらめない、ヒラメキが鋭い、……、いやいや、それよりもなによりも、イヤだ！　不便だ！　など、不平、不満をいっぱい抱えながら日々を暮らしているからです。だから、小機、大機が訪れるのでしょう。

普通の主婦が、作品の製品化がうまくできて、〝一攫千金〟になっている例があります。

最近は、男性でも、休日などに料理をする人が増えています。男性は、日頃、あまり台所に立っていないので、珍しさも手伝って余計に不便なところが目につくようです。

これからは、男性が考えた台所用品のヒット商品が生まれるのではないでしょうか。
○○の作品を製品化できた人が必ず実行していることがあります。
それは、何だ、と思いますか。

それは、関連の情報を集めて、自分の作品の説明図（図面）を描いて、説明文（明細書）を書いて、手作りで、試作品を作ることです。

自分で試作品が作れないと、○○の作品の製品化の見込みが低いからです。

だから、試作品代、出願料などの費用を使ったから、……、といっても製品化の保証はありません。いつも、筆者は、あなたの○○の作品が製品化できるように、しかも、効率良く、発明活動を実行してほしい。……、と願っています。それで、タダの頭と手と足は、たくさん使っても、ムダなお金は使うな！　といい続けています。

あなたが本書を手に取っていただいたのがご縁です。

ぜひ、○○の作品の製品化ができるように最短距離を歩いてください。そして、近い将来、○

○の作品の製品化が実現することを願っています。

●特許（発明）は、大好き「得意」な分野、豊富な知識を活かすだけ

突然ですが、質問です。

小学生、中学生、高校生、お母さんが、同じ新鮮な食材を使って「カレー」を作ってくれました。

あなたは、５００円払って、誰が作った「カレー」を食べたいですか（!?）……、多くの人が「お母さん」と答えるでしょう。理由、わかりますよね。

特許（発明）も、大好き「得意」な、テーマ「科目」を選ぶと、すぐに、いい結果「製品化」に結びつきます。

□大好き「得意」
テストの結果は、いつも、80点か、90点だったでしょう。

すると、関連の情報も簡単に集まるでしょう。説明図（図面）も描けるでしょう。説明文（明細書）も書けるでしょう。手作りで、試作品も作れるでしょう。それなら、特許（発明）も簡単にまとまります。

□嫌い「不得意」
嫌い「不得意」なことに、チャレンジすると大変です。○○に関連した情報を集めて、○○を大好き「得意」になることから、スタートしなければいけないからです。

いい結果「製品化」が出るまでに相当の時間がかかります。お金もかかります。

テストの結果は、いつも、10点か、20点だったでしょう。

すると、関連の情報を集めるのが大変でしょう。説明図(図面)も描けないでしょう。説明文(明細書)も書けないでしょう。手作りで、試作品も作れないでしょう。自分の力だけでは、○○の作品をまとめることはできないでしょう。

大好きな人が、
私は料理を作るのが大好きです。……、といってくれました。
私が作った弁当です。食べてください。……、といって持ってきてくれました。
あなたは、どちらが嬉しいですか。

はじめに

「お金の使い方」という本は何冊も出ています。

いま、ここに1万円お金があります。それをどう使うか、それは幾通りも考えられます。

だから、その人がお金をどう使うか、それによってお金がお金を呼んで、お金もちになります。逆に身の破滅につながるかもしれません。

それと同じです。一人一人、神様からさずかった「頭（あたま）」、「脳（のう）」をもっています。しかも、その生まれつきの能力は、そう大きな差はありません。

ただ、頭をどのように使うか、頭のどの部分をどう使うか〝頭の使い方〟によって、事業に成功して〝億万長者〟にもなるし、失敗して、毎日の生活に困ってしまうかもしれません。

入学試験、就職試験に合格する人もいるし、合格しない人もいます。

大きな差がない頭で、どうして、こうも大きな差がつくのでしょう。

それは、頭は、使えば使うほど、限りなく発達する。……、という特質をもっているからです。

しかも、その発達は頭の中の部分、部分によって違います。

記憶力をつかさどる部分をうんと使えば、その部分がおそろしく発達します。

判断力をつかさどる部分をうんと使えば、そこが鋭敏になります。

このように、人によって〝頭の使い方〟、使う部分が違い、また、頭を使う時間と度合が異なります。外見は、同じような形をしていても、人によって、その内容はおそろしく違ってくるからです。

ある人は、記憶力に興味をもちます。それに集中して、百科事典のごとく博覧強記となり、それを得意とするでしょう。その人は、テレビのクイズ番組で１００万円当たるかもしれません。だけど、決して大成する〝頭の使い方〟ではありません。

記憶力は20歳を過ぎれば、だんだんとおとろえる、といわれています。

また、ある人は、分析し、比較し、撰択する判断能力の研磨こそ成功の中心と考えて、頭のその部分をみがきます。いままでの家庭教育、学校教育は、ほとんど、この記憶力と判断力が中心でした。だから、記憶と判断では間違いは起きないでしょう。

ところが、世の中は進歩しません。新しいものは生まれません。したがって、この部分の頭を使って発達させても、現状維持が精一杯なのです。

人間の頭で大切なところがもう一つ、ほかにあります。それは、予想し、想像し、組み合わせ、形づくり、新しいものを生み出す創造作用です。

この方面の頭を優秀にすればするほど、その人は大きくなります。

しかも、この方面の「頭（あたま）」、「脳（のう）」の鍛錬は、受験だ、入学だ、ということに邪魔されてあまりにも無視されていました。

日本人は、頭がいいのに世界的な人が生まれません。

したがって、いまからは、この創造の能力を発達させるか否かが、人生の成功か否かのわかれ道になります。しかも、この方面の頭は年齢と共に発達して、おとろえることを知りません。しかし、この方面を使わないと、40歳で退化し、老人になるといいます。

しかも、いま日本の産業界も、芸術界も、政界も、凡人の分野において、この創造作用のできる人を強く求めています。

主力をそそぐのは、じつに、この方面の頭の訓練なのです。〝頭の使い方〟です。

本書を出版するにあたり、誰にでもわかりやすくまとめるためのご助言をいただきました、門下生のはるなえみさんに心よりお礼を申しあげます。

私（中本）は、これまで、何万件と特許（発明）の指導、育成をしてきました。その中に、共通する内容がたくさんあります。事例をそのまま紹介することはできませんが、作品を製品に結びつけるために、大切なところは、何度も繰り返し説明しています。多少くどい点があるかもしれませんがご理解ください。

平成30年12月1日

中本　繁実

もくじ

はじめに …… 6
第1章 〝好き〟の気持ちが強ければ、作品は製品に結びつく …… 13
1. 契約金とロイヤリティ（特許の実施料） …… 14
2. 特許（発明）のきっかけは〝イヤだ！ 不便だ！〟それがみんな金の卵 …… 21
3. 最初は、目標を小さくして、確実に製品に結びつけよう …… 24
4. ブーム、話題になっている製品の周辺がチャンス …… 28
5. 大好き「得意」な科目「テーマ」を学習して毎日を楽しもう …… 31
6. 作品の長所、欠点を適切に評価すれば、製品に結びつく …… 34
7. 素晴らしい作品が、製品に結びつく流れは …… 36
8. 出願書類を書いて、出願の準備は早めにしよう …… 42
9. 「特許情報プラットフォーム」は、特許の「辞書」、特許の「図書館」 …… 47
10. 情報を集めれば、多くの人に喜んでもらえる作品ができる …… 50
11. 未完成の作品のままで、出願を急いではいけない …… 53

12. 完成度が高く、製品に結びつく作品なら、出願は急ごう …… 59
13. 製品には、簡単にできる …… 62
14. 「個人の特許（発明）」と「会社の特許（発明）」のまとめ方は違う …… 66

第2章 作品に磨きをかければ、製品に結びつく …… 71
1. メモと落書きが製品に結びつくヒントになる …… 72
2. 他の人（第三者）がヒントにしたくなるような作品にまとめよう …… 77
3. その分野の製品を把握しよう …… 82
4. 心を込めて作った試作品なら、あなたの思いも伝わる …… 86
5. 疑問、心配ごとは、早くなくそう …… 90
6. 失敗しても大丈夫。〝失敗は、成功のもと〟 …… 93
7. 自信をもって〝落第発明〟を〝及第発明〟にしよう …… 98
8. 最初の「心構え」で作品の質も高められる …… 101
9. 作品のレベルが「発明・アイデアコンクール」で確認できる …… 105
10. 「日曜発明学校」で売り込み（プレゼン）を体験しよう …… 108

第3章　作品が製品に結びつくヒントは、ここにある……117
1．科目「テーマ」は、同じような作品を研究しよう……118
2．○○の内容を秘密にしてはいけない……120
3．〝浮気発明〟で、創造力を高めよう……124
4．作品が世の中の利益につながることが大切……127
5．作品が製品に結びつくかは、思いつきとヒントの数に比例する……131
6．手作りで、試作品作りに力を入れる人の作品は、製品にできる……135
7．手作りで、試作品が作れる科目「テーマ」を選ぼう……138
8．考え方が逆ではないか……140

第4章　作品が製品に結びつくゴール（製品化）の決め手……145
1．すぐに使える、売り込み（プレゼン）の手紙の書き方……146
2．前向きで、プラス発想のやりとりがポイント……153
3．一気に売り込み（プレゼン）をするのが一番……160
4．さあー、思いきって手紙を出そう……164
5．売り込み（プレゼン）に時間を惜しんではいけない……172

6. 優秀な○○の作品、さらに、完成度を高めよう …… 176
7. もっと磨きをかければ一流の作品になる …… 178
8. 「専用実施権」と「通常実施権」 …… 182
9. 会社からくる返事の内容は …… 185
10. すぐに使える「契約書」の書き方 …… 192
あとがき〔著者から送る大事なお便り〕 …… 197

第1章

〝好き〟の気持ちが強ければ、作品は製品に結びつく

1．契約金とロイヤリティ（特許の実施料）

●特許出願中「ＰＡＴ・Ｐ」でも契約ができて、作品の製品化も実現する

いきなりですが、契約金とロイヤリティ（特許の実施料）の話です。

特許（発明）の学習は、最初に、大好き「得意」な科目「テーマ」を選ぶことです。

次に、目標「契約金＋ロイヤリティ」を決めます。

そこで、○○の作品の契約金、ロイヤリティ（特許の実施料）は、いくらくらいになるのでしょう。興味がありますよね。ご紹介しましょう。

以前は、特許（発明）でも、意匠（デザイン）でも、権利が取れていないと、第一志望の会社に売り込み(プレゼン)をしても、買ってくれなかったものです。相手にもしてくれませんでした。

ところが、いまでは、特許願の出願と同時でも、売買の契約をしてくれます。
※ロイヤリティ（royalty）は、特許権などの知的財産権の利用に対する対価をいいます。実施料ともいいます。

●長く語りつがれている「洗濯機の糸くず取り具」

個人の発明家で、超有名で、伝説化した作品は、Ｓさんが創作した「洗濯機の糸くず取り具」です。

ロイヤリティ（特許の実施料）は、総額で約３億円です。

私は、長年、一般社団法人 発明学会の仕事をしていますが、テレビ、新聞、雑誌の取材のときには、必ず、Ｓさんの話しが出てきます。

ロイヤリティ（特許の実施料）もすごいし、作品が素晴らしかったのです。

□「契約金」

特許（発明）の契約をするときにもらえるのが、契約金です。

30～１００万円くらいもらえます。契約金は、ゼロのときもあります。

Ｓさんが創作した「洗濯機の糸くず取り具」の契約金は、０（ぜろ）円でした。

だけど、商品は、ものすごく、売れました。

□「ロイヤリティ（特許の実施料）」

毎月の売り上げに応じて、卸価格の２～５％もらえます。

いま、会社に売り込み（プレゼン）をして、□権利が取れたら買いましょう。□権利が取れたら、ロイヤリティ（特許の実施料）を払いましょう。……、などといってくるところはありませんよ。

そういうことをいってきたら、呈（てい）のいいお断りだ。……、と思ってください。

たとえば、彼女（彼）を紹介してもらいました。お見合い（婚活）をしました。

……、タイプ（好み）の人ではなくて、困りました。

それで、お断りしたい、……、そういった状況のときを想像してください。

理由を説明したくても、○○○がちょっと、……、だから、……、と口ごもってしまいます。

その理由を、はっきり、○○○です。……、といえないと思います。
□一部の製品に、特許出願中（ＰＡＴ・Ｐ）と、表示されている
今度、商品を買うときに、パッケージを見てください。

一部の製品に、特許出願中（ＰＡＴ・Ｐ）と、表示されています。

それは、「特許出願中」という意味です。

ただ、商標だけは、権利が取れていないと買ってくれません。

「登録商標（registered trademark）」といいます。

●特許出願中（ＰＡＴ・Ｐ）と書いて、手紙で売り込み「プレゼン」をする
作品を創作したら、第一志望の会社に、○○の作品、特許出願中（ＰＡＴ・Ｐ）です。

……、と書いて、手紙で売り込み（プレゼン）をしてください。

そうすると、出願をしていないのに、大丈夫ですか（？）といって気にする人がいます。作品の権利を取ることも大切です。ところが、作品が製品にならないと、ロイヤリティ（特許の実施料）はもらえません。

もちろん、出願＝権利＝製品化でもありません。

だから、第一志望の会社に売り込み（プレゼン）を体験してほしいのです。

初心者は、作品の評価を気にします。それで、○○の作品、一体いくらくらいで買ってもらえるでしょう（!?）……、といったことを聞いてきます。

これは、特許（発明）、意匠（デザイン）などの知的財産権のことについて、詳しい発明家でさえ、そういったことを質問してきます。

本心はなるべく高く買ってほしい。……、と思っているからです。

正直な気持ちですよね。その気持ちは良くわかります。

ところが、会社の方は、なるべく安く買いたい。……、と思っています。お互いに、都合のいいことを考えています。そこに大きなギャップがあります。

そのため、発明家と会社が直接交渉をすると、上手くいかないケースもあります。

それで、たとえば、一般社団法人 発明学会のように、たくさん、契約のお手伝いをしているところが立会人になって、間を取りもっています。個人の発明家が上手く契約ができるようにお手伝いをしています。

●権利が取れなかったらロイヤリティ（特許の実施料）は返金するのか

○○さんは、最初に創作した○○の作品を、第一志望の会社に売り込み（プレゼン）をしました。社長さんが気に入ってくれました。

そして、契約ができそうだ！　……、といって喜んでいます。

そういうときに、気をつけてほしいことがあります。

それは、あまり欲を出さないことです。契約金、ロイヤリティ（特許の実施料）は、ほどほどのところで、契約を結んでほしいと思います。

今度は、契約の内容について、初心者の方から、次のような質問を受けました。

先生、○○の作品は、特許出願中ですが、契約ができました。

月々3％のロイヤリティ（特許の実施料）をいただくことになりました。

ところが、あとで、○○の作品、内容の審査をして、拒絶「ＮＯ」の理由が見つかり「拒絶査定」の通知が特許庁から届きました。権利が取れませんでした。

そういうとき、もらったお金は返金するのですか（？）……、といった内容です。正直な人です。心配しなくても大丈夫です。以前は、そういうこともあったかも知れませんが、いまは、返金してください。……、などといってくる会社はありません。

だから、もらったロイヤリティ（特許の実施料）は、返金しなくても大丈夫です。売れた分だけ、会社も儲けているのです。

ただ、権利が取れなかったら、その時点から、ロイヤリティ（特許の実施料）はもらえなくなります。……、と答えます。心配なときは、契約をするときに、その条件を決めて、契約書に、そのことを書いておくと大丈夫です。

●私の「目標」

年　月　日

□①作品の名称

□②今月・今年

□③作品の科目「テーマ」

□④売り込み（プレゼン）をしたい第一志望の会社

□⑤契約金、ロイヤリティ（特許の実施料）

こういった内容のことを色紙に書いて、いつも見えるところに貼っておきましょう。

※Patent（パテント）は、「特許」の意味です。

PAT.P（Patent pending）は、「特許出願中」の意味です。

◆「特許願」に必要な書類

「特許願」に必要な書類は、「①願書、②明細書、③特許請求の範囲、④要約書、⑤図面」の5つです。

※製法特許「方法の発明」の出願をするとき、明細書（説明書）だけで創作した内容を説明できれば図面を付けなくてもいいことになっています。

出願書類の書き方の参考文献は、拙著『特許出願かんたん教科書』（中央経済社）、『一人で特許の手続きをするならこの1冊』（自由国民社）、『完全マニュアル！発明・特許ビジネス』（日本地域社会研究所）などがあります。

図面の描き方の参考文献は『これでわかる立体図の描き方〔基礎と演習〕』（パワー社刊）などがあります。

◆「拒絶理由通知」

「出願審査請求書」を提出すると、審査官が書類の内容を見て、権利が取れるための条件（登録の要件）のチェックをします。

審査官が審査をして、その結果、新規性（新しさ）がありません。進歩性（困難さ）がありません。……、といった理由で、○○の作品は、拒絶すべきだ。……、と判断したら、出願人に書留の郵便で「拒絶理由通知」を送ります。それは、○○という理由で拒絶します。意見があれば申し出なさい。……、といった内容の書類です。

◆「拒絶査定」

審査をした結果、新規性（新しさ）がありません。進歩性（困難さ）がありません。……、などの、拒絶の理由に該当するときは「拒絶査定」になります。

2. 特許（発明）のきっかけは〝イヤだ！　不便だ！〟それがみんな金の卵

●ここが、チェックポイント

人は誰でも、毎日、身の回りのできごとに、腹をたてたり、イヤだ、といったことを体験しています。これを、不快情緒といいます。心理学者は、この、不快情緒がノイローゼのもとだ！……、といいます。

ところが、この、不快情緒も考えようによっては、それが、特許（発明）、意匠（デザイン）などの知的財産権に結びつきます。それが、お金（ロイヤリティ）になります。

●「初歩の発明家と一問一答」

先生、大好き「得意」な科目「テーマ」を選びました。そして、特許（発明）の学習をスタートしました。特許（発明）の学習は、毎日、ワクワク、ドキドキが体験できて、とても楽しいです。だけど、他の人（第三者）の「特許（発明）のまとめ方」も気になります。教えていただけませんか。

それでは、ある日の私（先生）と初歩の発明家（生徒）の一問一答の一部をご紹介しましょう。

先生：毎日の生活の中で、たとえば、スーパーで買い物に行ったとき、素晴らしいエコバッグを思いついた。……、とか、駅で、自動改札用の定期（カード）入れは、こうすれば良かった。……、といった作品を思いついて、小さな喜びを感じていませんでしたか。

生徒：その思いつきは素晴らしい。……、と思いながらも、それだけで終わっていました。その場限りでした。

先生：その思いつきには、大変な財宝、幸運がかくされていますよ。

生徒：では、どうすれば、「金」、「銀」に結びつけられますか。

先生：その作品を「金」、「銀」に結びつける楽しさを教えたくて本書を書きました。

生徒：その内容を具体的に説明してくれるのですね。

先生：そうです。思いつきを捨てないで、次の思いつきをひき出すのか、役に立てるのか、深めていくのか。
そして、それを実行していく道すじが、どんなに楽しく、生きがいがあるのか。
……、そのうちに、お金と名誉がどうしたらついてくるのか。
こういったことについて説明しましょう。
生徒：それを感じとればいいのですね。
先生：そうです。○○の作品を製品化できる道すじの定石を知って、同じように実行してほしいのです。特許（発明）の学習がいやにならないように、特許（発明）の専門用語については、初心者でもわかるようにやさしく表現しました。
生徒：やさしく、簡単だ、といわれても、言葉も、用語も、内容も難しそうでとても心配です。
それでもついていけますか。
また、作品を創作している途中で、特許庁（〒１００‐８９１５　東京都千代田区霞が関３‐４‐３）に特許の出願をしますが、初心者でもできますか。
先生：もちろん、大丈夫ですよ。権利を取る。……、というのでなく、恋人ができました。結婚しました。子どもが生まれました。それを役所に届けて、夫婦、親子になるようなものです。その届けによって、愛情を、５倍、10倍に高めましょう。

それにエネルギーをそそいでほしいのです。

生徒：小さな思いつきで、心も、ふところも豊かになって、夢も大きく育ち、いつも楽しい毎日になりそうな気になってきました。

先生：そうでしょう。本書は、心も、ふところも、夢も、大きくするバイブルです。大いに活用してください。

3．最初は、目標を小さくして、確実に製品に結びつけよう

●ここが、チェックポイント

自分は不器用だ！……、と思っていませんか。

……、最初は、目標を小さくすることです。そして、確実に製品に結びつけましょう。

次は、○○の作品に関連した情報を集めることです。

その次に、説明図（図面）を描いてください。説明文（明細書）を書いてください。手作りで、試作品を作りましょう。実験(テスト)をしてください。便利になったか、効果を確認しましょう。

それから、本当に使ってみたい、と思う範囲にしぼることです。たとえば、野球です。最初は、

確実にヒットが打てるようにシングルヒットをねらってください。
するといつの間にか、二塁打も、三塁打も、ホームランも打てるようになっています。

●学生のときの試験と同じ、大好き「得意」な科目は、いい点数が取れる

○○は素晴らしい作品です。しかも、製品に結びつく、スグレものの作品です。
……、といいたいでしょう。そのとき一番大切なことがあります。
それは、科目「テーマ」の選び方です。
念のために、聞いてもいいですか。
○○の作品の説明図（図面）が描けますか。説明文（明細書）、書けますか。手作りで、試作品が作れますか。

□大好き「得意」な科目

学生のときの科目の選び方と同じです。大好き「得意」な科目の試験は、試験範囲を見直すだけで、いつでも、80点、90点が取れていたでしょう。

学習した時間だって、楽しかったはずです。余裕もあったでしょう。

□嫌い「不得意」な科目

嫌い「不得意」な科目は、どうでしたか。学習することがいやで、点数は、いつも、10点か、

20点でした。……、という人もいるでしょう。

作品の科目「テーマ」でも同じです。嫌い「不得意」な分野を選んではいけませんよ。

いい結果「製品化」に結びつきません。

だから、いい結果「製品化」に結びつかない道を選んではいけません。いくらがんばっても、結果は、労多くして得るところは少ないです。

その理由は簡単です。その分野の経験、知識、技術が頭の中にないからです。

それでは、人に頼らないと答えが出せません。そのため、まとめるのに、相当の時間がかかります。その分野の家庭教師に依頼をしないとまとめることができないので、お金（家庭教師代）もかかります。

●作品の製品化率は、女性が高率

作品の製品化率は、私（中本）のデータでは、男性よりも、女性の方が高率です。

その理由を調べてみました。

□男性は、大きな目標をたてる

最初から思いついただけの作品なのに、すぐに、製品に結びついてヒットすると思うのです。

たとえば、カラオケが大好きなサラリーマンの人がビールのジョッキにマイクを付けた「マイクを付けたビールのジョッキ」を考えました。

するとマイクを付けたビールのジョッキがすぐに製品に結びつくと思うのです。

野球でいえば、最初から格好良くホームランをかっとばそう、とするのです。

大きな「目標」をたてます。

ところが、大振り三振、尻もちをつくといったケースが多いようです。

□女性は、小さな目標をたてる

作品に優しさがあります。それが中心になっています。

優しい旦那様、カッコいい彼のために、たとえば、タイピンのいらないネクタイ止めを考えます。それで、月々数万円の小遣いが入れば大喜びだ！　といった小さな「目標」をたてます。現実的でしょう。だから、製品に結びつくのです。

つまり、野球でいえば、短打主義です。そのどちらがいいか、簡単には決められない、と思います。だけど、短打主義が確実だ！　ということはいえます。

ここで、もう一つ作品を紹介しましょう。

□車内で使う「濡れた傘の保持具」と、環境にやさしい「自動車のエンジン」

たとえば、自動車の車内で使う「濡れた傘の保持具」と、環境にやさしい「自動車のエンジン」です。

二つの作品を比べてみましょう。

一つは、車内に濡れた傘を置くところを作りたい。そこで、針金で濡れた傘の保持具を作っては、といった作品です。もう一つは、私は環境にやさしい自動車のエンジンを考えました。……、といった作品です。

それを比べてみてください。「濡れた傘の保持具」は、同じ自動車関連でも、作品の「目標」が小さいでしょう。だから、製品に結びつきやすいのです。

自動車のエンジンのように、高度で技術的な内容になると、関連した情報を集めて、説明図（図面）を描いて、説明文（明細書）を書いて、手作りで、試作品を作る。……、というわけにはいきません。

大がかりなものは、町の発明家では具体化できない領域です。やはり、小物の工夫の方がはるかに現実的です。

4. ブーム、話題になっている製品の周辺がチャンス

●ここが、チェックポイント

たとえば、スマートフォン、携帯電話、ｉＰｈｏｎｅ（アイフォン）、ｉＰａｄ（アイパッド）などの製品の周辺で、長所、欠点をたくさん見つけ出すことです。

すると、その情報を活かすことができます。その結果、○○の作品は、素晴らしく、製品に結びつくのです。たとえば、携帯に便利なケースなどの製品が生まれます。

●これは、といった科目「テーマ」を見つけることができない

なかなか、これは、といった科目「テーマ」を見つけることができない人のためにどうすれば見つかるか（？）考えてみましょう

毎年、いくつもブーム、話題になるものが誕生します。こういった、ブーム、話題になっている商品の周辺がチャンスです。

また、資本の少ない中小企業も、このルールはたえず心にとめておくことが大切です。

たとえば、駅の自動改札機の周辺、電子レンジの周辺、大型冷蔵庫の周辺、クーラーの周辺、レジャーブーム、禁煙ブーム、高齢化社会、エコ（環境問題）、働き方改革、ＡＩ（人口知能）、ＩｏＴ（モノのインターネット）と話題はたくさんあります。

こういうとき、○○の周辺に心をくばってください。そうすれば、製品に結びつくヒントが、まだ、まだ、ころがっています。また、毎年二つ、三つ、○○がブーム、○○が話題になります。

いつも目を光らせておいて見つけてください。
○○のブームの中で、最も自分の体験、知識、技術の範囲内で問題を解決できるところを見つけることです。そして、すぐに行動してほしいです。
そこで、最初にやってほしいことがあります。それは、○○の作品の科目「テーマ」に関連した情報を集めることです。

そうした「目標」が決まったら、まず、それを観察することです。
□「長所列挙法」
最初は、○○の商品の特徴を見つけることです。これを「長所列挙法」といいます。
□「欠点列挙法」
次は、その商品の欠点を見つけることです。それを「欠点列挙法」といいます。

その情報を整理して、説明図（図面）を描いて、説明文（明細書）を書いて、手作りで、試作品を作りましょう。実験（テスト）をしてください。素晴らしい効果が確認できれば、作品は製品に結びつきます。

これは、といった○○の作品の科目「テーマ」が見つからないときは、ブームの周辺をねらうことです。それが何よりも製品に結びつく確実な発明・アイデアのまとめ方です。

※ＡＩ（エーアイ）は、Artificial Intelligence（人工知能）の頭文字。
※ＩoＴ（アイオーティー）は、Internet of Things（モノのインターネット）の頭文字。

5．大好き「得意」な科目「テーマ」を学習して毎日を楽しもう

●ここが、チェックポイント

楽しみながら、考えることを継続できるように工夫しましょう。

たとえば、朝、起きたら、一番にトイレの中で、作品を出そう。……、と決めるのです。

そして、いつでも、メモが書けるように、ノートと筆記具を吊るしておくのです。

また、通勤電車の中では、会社に提案する作品を考えよう。……、と決めてください。

そうすると、誰でも続けられます。

●大好き「得意」な科目「テーマ」

これから、毎日、楽しみながら特許（発明）の学習ができます。

準備するものは、ノートと筆記具です。思いついたことを書くためです。大好き「得意」な科

目「テーマ」なら、毎日、楽しみながら学習ができます。

テストの結果が、いつも、80点、90点を取れる科目ですよ。

次のステップは、○○の作品の製品化です。
○○の作品は、どうすれば製品に結びつきますか。
毎日、タダの「頭（あたま）」、「脳（のう）」をフル回転してください。特許（発明）を楽しみましょう。そうすれば、○○の作品は1年もしないうちに製品に結びつきます。

だけど、中には続けられなくて、すぐに休憩する人がいます。

ここで、チェックしてください。
□①豊富な経験、知識、得意な技術を活かしたい、と思っているか
□②第一志望の○○会社で製品に結びつけてもらいたい、と思っているか
たとえば、こんな感じです。

友人の○○の作品が製品に結びつきました。

それで、毎月の「ロイヤリティ（特許の実施料）」が十数万円になったことを知りました。

すると、一時ハッスルします。そして、3日、4日は考えることを続けます。

ところが、ここで、休みます。そして、1カ月も、2カ月もそのままにします。

そして、次の特許（発明）の製品になった事例を聞いてハッと馬力をかけます。そのくりかえ

しです。

……、と答える人がいます。それでは、いい結果「製品化」には結びつかないでしょう。

ここで、真珠王の御木本幸吉氏の言葉を紹介しましょう。

「私は真珠については〝世界一〟です。私、私の部下が考えた作品を合計すると、３万件以上です。そして、特許（発明）などの権利が取れたものが約２千件です。

しかし、製品に結びついた作品は、その中の13件か、14件です。

単純に計算をしてみると、２万９９８６件までは、迷案の部類になり役にたっていないことになります。ところがこの迷案が土台になって、私は真珠王になったのです。したがって、まず〝良い〟〝悪い〟にかかわらずたくさんの作品を生み出すことです。

悪い案も出せない人にどうして良い案が出せますか。」

まさに〝名言〟です。とにかく、最初は、量、量、量ですね。良くわかりました。

学校の成績は、量「良（Ｂ）」じゃなくて「優（Ａ）」がいい、といいたいでしょう。

6．作品の長所、欠点を適切に評価すれば、製品に結びつく

●ここが、チェックポイント

自分の作品について、効果は小さく表現してください。

欠点は大きく表現してください。そして、それを整理しましょう。

そして、○○の作品が製品に結びつくようにまとめましょう。

●「過大評価」

自分の作品は、どうしても「過大評価」をしてしまうものです。

そこで、注意してほしいことがあります。たとえば、こんな感じです。

いま、使っている○○の商品、こうすれば、もっと便利になる、効果が大きくなる。……、といったものですが、どれもみんなどこかに何かをくっつけて便利だ！　といってもらえるように改良しています。

ところが、それによって、たとえば、値段が高くなることは考えていません。

5つ便利になっても、値段が高くなると、もう消費者はついてきません。

つまり、効果より欠点の方が大きいからです。

町の発明家は天狗で困る、といわれることがありますがなぜですか。

思考作用の欠点があります。それは、◯◯の商品の欠点は小さいのに、それを大きく表現するからです。

小さな欠点を改良したから効果も、本当は小さいのに、それを大きく表現します。それは、プラス面だけを見て、作品の「過大評価」をするからです。

●「題材・栓抜きを付けた包丁＝包丁＋栓抜き」

たとえば、「包丁」に「栓抜き」を付けました。「栓抜きを付けた包丁」ができます。

……、一見、便利そうです。ところが、実際に試作品を使ってみました。

すると、刃が怖いです。危険です。そして、効果はどうでしょう。たまに来客があって、しかも「栓抜き」が見つからなかったときだけです。

次のようなことが問題です。

①手数がかかって、大量生産ができない。
②コストが高くなる。
③使う割合が少ない。
④危険がともなう。

これらの条件にひっかかると「優れた」と思われる作品も、たちまち「落第発明」になってしまうのです。

7．素晴らしい作品が、製品に結びつく流れは

●豊富な経験、知識、得意な分野を選ぶ

特許（発明）の学習で、最初に注意してほしいことがあります。

それは、科目「テーマ」の選び方です。

日頃、不便だ、困った、と思っている問題を簡単に解決したいでしょう。

実現できる豊富な経験、知識、得意な分野です。テストの結果が、いつも、80点、90点が取れる科目ですよ。

いろいろなことが気になっていると思います。でも、ここは、がまんしてください。

そして、とりあえず、確実に製品に結びつく一科目「テーマ」だけを選んでください。

近い将来、製品に結びつきます。科目「テーマ」の選び方がポイントになるからです。

特許（発明）の「スタートライン」は、身の回りで、不便だ、と思ったこと、不満を感じたら

忘れないようにメモを取ることです。

そして、現実を見つめましょう。

□題材・バケツに着脱ができるホースの固定具

そういった状況の中で、いま、○○さんが考えている作品は、バケツに着脱ができるホースの固定具です。

バケツに水を入れるとき、ホースの水がはねないようにバケツの吊り手にホースを簡単に着脱できるように工夫しました。

なるほど、では、ノートを見せてください。関連の情報を集めていますよね。説明図（図面）、上手く描けていますね。説明もわかりやすくまとめています。だから、内容が良くわかります。

では、ここで、バケツに着脱ができるホースの固定具と同じような先行技術（先願）がないか、一緒に調べてみましょう。

検索のキーワードを「検索画面」に、たとえば、「バケツ　ホース　固定」と入力します。「検索実行」をクリックしてください。「バケツに着脱ができるホースの固定具」に関する情報が見つかります。

●出願書類をまとめるとき、先行技術（先願）の公報が活きる

その公報が出願書類をまとめるとき、一番の参考書になります。図面の描き方、符合の名称の書き方、明細書の書き方などで、悩まなくても大丈夫です。出願書類も簡単に書けます。それでは、まとめてみましょう。

また、あなたと同じような作品を製造している会社も見つかります。特許（発明）などの知的財産権に興味がある会社も見つかります。

まだ、目標の第一志望の会社を決めていない人は、ここで、検索をしながら、5～10社くらい選んでください。その会社の事業内容を研究することです。製品に結びつけてもらえるように、傾向と対策を練ることです。

では、教えてもらったことを整理してきます。

□書類が書けたので、見てほしい

……（2週間後）、先生、書類ができました。見てください。説明図（図面）と説明書（明細書）です。データは、「USBメモリー」にまとめて入れています。

では、書類を見ましょう。ウン、良くまとめています。短期間で良くできましたね。

この内容をもう少し、整理をすれば、いつでも出願できますよ。

費用は、出願料（特許印紙代）の1万4000円と、電子化手数料「1200円＋（書類の枚

数×７００円）」で、約2万円です。

これで、出願の準備もＯＫです。

先行技術（先願）の公報が一番の参考書になったでしょう。説明文（明細書）を書くのが苦手で、とても書類が書けない。……、と思っていた人。安心してください。

このように、簡単にまとめることができますよ。公報が一番の参考書になります。

書類を参考に（コピー）して、同じように書くだけでいいからです。書き方が不安なときは、気軽に相談してください。パソコンを使いながら一緒にまとめましょう。

関連の情報が少ない状態で出願を急ぐと、出願料がムダになる、ということも良くわかったでしょう。だから、出願をする前は、とりあえず、○○年○月○○日に考えました。……、といえるように創作した事実を残しておくことです。

それでは、自作の「研究ノート（発明ノート）」を作りましょう。

そして、一日も早く、製品に結びつくように、関連の情報を集めて、説明図（図面）を描いて、説明文（明細書）を書いて、手作りで、試作品を作ることです。

すると、いままで気がつかなかった問題もはっきりしてきます。

使いやすいか、効果がすぐに確認できます。

●「特許出願中（PAT・P）です。」と書いて、売り込み（プレゼン）をしよう

今度は、第一志望の会社に売り込み（プレゼン）をするために手紙を書きましょう。

バケツに着脱ができるホースの固定具は、特許出願中（PAT・P）です。……、と書いてください。第一志望の会社に売り込み（プレゼン）をすると製品に結びつくか様子がわかります。

製品に結びつきそうな作品なら、すぐに出願をしてください。

売り込み（プレゼン）の手紙の書き方は簡単です。600字くらいにまとめるだけでいいからです。「要約書（課題・解決手段）」が使えます。不安なときは、気軽に相談してください。パソコンを使いながら一緒にまとめましょう。

その手紙に、説明図（イラスト）を付ければいいのです。

完成度が高いですね。……、といってくれるようにまとめた作品なら、第一志望の会社は、すぐに、製品に結びつけましょう。……、といってくれます。

□返事の中には、お断り「NG」のときもある

中には、お断り「NG」のときもあります。そのときは、さらに、改良してください。

バケツに着脱ができるホースの固定具、使いやすくなりましたね。……、といってもらえます。するとと、内容がさらに充実します。製品に結びつくチャンスがつかめます。

改良した作品を、今度は、同種の第二志望の会社、第三志望の会社に売り込み（プレゼン）を

しましょう。すると〝検討させてください〟と書いた嬉しい手紙が届きます。

これで、製品に結びつく、嬉しいゴール（製品化）も見えてきます。

ここで、準備をしておいた書類を見直してください。何度も改良した部分があるでしょう。その内容を加筆してください。それから、特許（発明）、意匠（デザイン）などの出願をしましょう。技術（機能）的なところは、特許（発明）です。物品の形状（デザイン）は、意匠です。

これで、売り込み（プレゼン）が上手くいくと、会社から、採用通知「合格通知」が届くのですね。そうです。今度は、バケツに着脱ができるホースの固定具、採用しましょう。……、と書いた嬉しい手紙が届きます。

□契約の条件
「契約金」は、30～100万円くらいです。

「ロイヤリティ（特許の実施料）」は、卸価格の2～5％が一般的です。

□特許庁の住所（特許願の送付先）
〒100‐8915　東京都千代田区霞が関3‐4‐3
特許庁長官　殿　　特許願　在中　「書留」

出願書類の書き方の参考文献は、拙著『特許出願かんたん教科書』（中央経済社）、『一人で特許の手続きをするならこの1冊』（自由国民社）、『完全マニュアル！　発明・特許ビジネス』（日本地域社会研究所）などがあります。

図面の描き方の参考文献は『これでわかる立体図の描き方〔基礎と演習〕』（パワー社）などがあります。

8．出願書類を書いて、出願の準備は早めにしよう

●ここが、チェックポイント

特許願の出願は、手軽く、あまりコチコチにならずに、特許庁に、私に○○の作品の権利（独占権）をください。……、という届けを出すのだ！　というくらいの気持ちで書類をまとめてください。

書類を書いて、いつでも、出願ができるように、準備をしましょう。

●日本は「先願主義」です。だけど、出願を急いではいけない

Q：日本は「先願主義」です。だから、○○の作品を思いつきのままでも、作品が未完成でも、

急いで出願をすることが大切ですよね。

A：出願をするのは、○○の作品の「独占権」と、いう権利を取るためです。だから、とても大切なことです。

だけど、思いつきのままで出願を急いではいけません。未完成のままで出願を急いではいけません。○○の作品に魅力がないからです。

一人で不安なときは、町の発明家の良き相談役として頼りにされている、一般社団法人発明学会（会員組織）の一回（一件）体験相談（予約が必要）を活用してください。

恋愛でも、そうでしょう。最初は、気になる人が指輪をしていないか、見ますよね。また、「一目ぼれ」、……、いいと思います。だけど、即、結婚ではないでしょう。まずはおつきあいをスタートしますよね。

Q：では、どうすればいいですか。

A：出願を急ぐ前に、やってほしいことがあります。

①「特許情報プラットフォーム（J-PlatPat）」で、先行技術（先願）がないか、調べることです。

②同じような商品がないか、量販店、専門店などの販売コーナーで、調べることです。

③ヤフー（Yahoo）、グーグル（Google）で検索することです。

④説明図（図面）を描いて、手作りで、試作品を作ることです。

⑤作品が未完成のとき、実験（テスト）をして、改良を加えて完成させることです。

……、などです。

※特許情報プラットフォーム〔Japan Platform for Patent Information〕 略称（J-PlatPat）

●「出願＝権利＝製品」ではない

Q：権利が取れていないと、「特許出願中（PAT・P）」では「ロイヤリティ（特許の実施料）」を払ってもらえないのですか。

A：そんなことはありませんよ。以前は、特許（発明）でも、意匠（デザイン）でも、権利が取れていないと、会社は「契約金」も「ロイヤリティ（特許の実施料）」も払ってくれませんでした。そのため、とにかく、権利が小さくても取れるように書類を書いていました。そして、出願を急ぎました。それが至上命令でした。それで、書類を書くのに時間とお金とエネルギーを使っていたのです。

Q：書類の書き方は、説明文（明細書）が下手でも、苦手でも、大丈夫ですか。

A：もちろん、大丈夫です。書類の書き方の研究に力を入れることは、とても大切なことです。だけど、権利を取ることは上手になっても、製品に結びつく作品は生まれません。「出願＝

権利＝製品」ではないからです。
たとえば、物品の形状、材質を限定して書いてください。権利範囲「特許請求の範囲」は狭くなります。小さな権利が取れます。
それでは、鉛筆と消しゴムを組み合わせた「消しゴムを付けた鉛筆」の権利の取り方で比べてみましょう
良い例：鉛筆（１）の軸の一端に筒（２）をそなえ、前記筒（２）に消しゴム（３）をそなえた消しゴムを付けた鉛筆。……、と書いた方が権利は広いです。
それなのに、
悪い例：六角形の鉛筆（１）の軸の一端に金属製の筒（２）をそなえ、前記筒（２）に小さな円柱状の消しゴム（３）をそなえた消しゴムを付けた鉛筆。……、と書いて権利範囲を狭くすることです。
Ｑ：なるほど、……、安心しました。自分で書いてみます。

●書類の訂正（手続きの補正）もできる

書類の書き方は、下手でも、苦手でも、大丈夫です。書き落としがないように、心を込めて「明細書」に詳しく書けばいいのです。

特許庁は、やさしいところです。あとで書類の形式的な部分の訂正（手続きの補正）もできます。心配しないでください。

気軽に、手軽く出願をすればいいのですね。

そうです。その方が戦略的には、トクだ、といえます。

恋人ができて、その人が大好きで〝すぐにでも結婚したい〟と「ときめいて」いるときと同じような感じですね。

勇気を出して、○○さんに「結婚してください」と申し込んでください。

でも、すぐに「ハイ」とはいってくれないでしょう。……、それでいいのです。

時間はかかりますが、あなたの真剣な気持ちを伝えてください。そうすれば「ＯＫ」してくれます。

数カ月後、あるいは、１年後か、２年後、めでたく、その恋人の名前を役所に届けて入籍できます。夫婦になれるのです。すると、愛情が、３倍にも、５倍にもなります。その情愛は非常に強くなります。

その結果、その人に対しては、お金も、時間も、全エネルギーをそそいでも惜しくない。……、というようになります。すると、相手も、また、それにこたえてくれます。

つまり、プロポーズするまでのプロセスは下手でもいいのです。とにかく、婚姻届けを役所が受け付けてくれて、２人が夫婦になれたことが大切なのです。

9.「特許情報プラットフォーム」は、特許の「辞書」、特許の「図書館」

□パソコンを使って、一緒に調べよう

特許情報プラットフォーム（J-PlatPat）は、先行技術（先願）の「情報」がいっぱいつまっている特許（発明）の辞書です。それも無料で見れます。だから、活用してほしいのです。

第一志望の会社が、あなたの作品を製品に結びつけてくれます。

では、パソコンを使って、一緒に調べてみましょうか。「特許情報プラットフォーム（J-PlatPat）」を開いてください。

「特許、実用新案、意匠、商標の簡易検索」の中の「特許・実用新案を探す」を選択してください。

□「題材・目盛り付きはさみ」

「目盛りを付けたはさみ」の検索のキーワードを「検索画面」に、たとえば、「目盛り　はさみ」と入力します。「検索実行」をクリックしてください。「目盛り付きはさみ」に関する情報が見つかります。「一覧表示」をクリックしてください。「文献番号」が表示されます。

「文献番号」をクリックしてください。作品の「出願番号、公開番号、出願人、発明の名称、図面、要約」などが表示されます。

発明の要約「要約（課題・解決手段・選択図）」が確認できます。

もっと詳しい内容も確認できます。「画面の上の左側」を見てください。出願書類の全項目「……、詳細な説明、利用分野、従来の技術、発明の効果、……」が表示されています。

たとえば、「詳細な説明」をクリックしてください。詳細な内容が表示されます。

これで、関連の情報が見つかりますよ。

学習するのは、大好き「得意」な科目「テーマ」です。だから、いつも前向きな気持ちになれます。自然に笑顔になっています。それで、回りまで明るくしてくれます。

Q：この先行技術（先願）の公報が出願の書類をまとめるときに、参考になるのですね。

A：そうですよ。世の中に役にたちそうな作品が生まれそうな気がしてきたでしょう。

Q：ところで、出願料（特許印紙代）は、いくらですか。

A：特許の出願料（特許印紙代）は、1万4000円です。自分で書類を作成すれば、実費だけで出願できますよ。

Q：出願をプロにお願いすると、いくらくらいかかりますか（!?）

A：費用は、作品の内容にもよりますが、30万円も、50万円もかかります。

Ｑ：そうですか、……。私には大変な金額です。わかりました。

Ａ：この機会に、自分で出願ができるよう、書類の書き方を一緒に学習して、作品を育てましょう。

《メモ・MEMO》

特許情報プラットフォーム（J-PlatPat）

特許（発明）の権利を取るには、出願をしようとする作品が「先願（せんがん）」であることが条件です。「先願」とは、一番先に特許庁に出願をすることとです。

先行技術（先願）は、特許情報プラットフォーム（J-PlatPat）、「特許庁（東京都千代田区霞が関３-４-３　交通は、地下鉄・東京メトロ・銀座線の虎ノ門駅下車、徒歩約5分です）」で調べられます。ぜひチャレンジしてください。

自分では新しい、と思っている作品でも、すでに先輩が考えていたケースもあります。

格好いい理由をつけても、同じようなものが公報にのっています。だから「新しさがありません（新規性がありません）」といわれるのです。

これで、出願料（特許印紙代）をムダにしなくてすみます。

10. 情報を集めれば、多くの人に喜んでもらえる作品ができる

●ここが、チェックポイント「題材・ワインのコルクの栓抜き」

たとえば、私はワインが大好きです。……、といっている人がワインのコルクの栓抜きが上手くできなくて困っています。

そういうときは、なぜ、上手くできないのか「ワインのコルクの栓抜き」の欠点を見つけましょう。とにかく、あらゆる手段をつくして、類似したもの、先行技術（先願）など「ワインのコルクの栓抜き」に関連した情報を集めることです。

その情報を、整理してまとめるのです。

すると、改良した「ワインのコルクの栓抜き」は権利も取れるし、製品に結びつく可能性も出てきます。

それでは、これから一緒に学習しましょう。そして、製品に結びつく道をさがしましょう。

たとえば、科目「テーマ」を「ワインのコルクの栓抜き」を改良しよう。……、と決めたら、その次にやってほしいことがあります。過去にどんな「ワインのコルクの栓抜き」があったか調べることです。つまり、情報の収集です。

□先行技術（先願）を調べよう

では、ここで、「ワインのコルクの栓抜き」について、先行技術（先願）を調べましょう。

検索のキーワードを「検索画面」に、たとえば、「栓抜き　ワイン」と入力します。「検索実行」をクリックしてください。「ワインのコルクの栓抜き」に関する情報が見つかります。

類似した作品の公報、先行技術（先願）を調べました。いままでの作品と比較したものをまとめました。整理して「明細書」も書いてみました。データは「USBメモリー」に入れてきました。見てください。

ウーン、すごいじゃないですか。良くまとめましたね。内容を少し整理すれば出願書類ができますよ。

「ワインのコルクの栓抜き」について、これだけ資料を集めればプレゼン「売り込み」をするときに説得力がありますよ。

大好き「得意」なことです。だから、まとめるのも楽しかったでしょう。

では、ワインで乾杯しましょう。

●同じ種類の公報をチェックする

素晴らしい○○の作品を考えたとき、特許庁では、同じ種類の先行技術（先願）の公報を「特許情報プラットフォーム（J-PlatPat）」で見て、それと比較してください。……、といっています。

一日も早く、製品に結びつく作品にまとめたいときは、やはり、先行技術（先願）を調べることが大切です。趣味として発明ライフを楽しんでいても、いままでの商品を、３つ、４つ集めることです。

その理由は、同じものがデパートにも、量販店にも売っていませんでした。関連の本にも書いていませんでした。

それで、○○の作品は、新しい作品だ、と決めているのです。

情報が少ないのに、夢中になって、お金をかけて試作品を作るのです。

ところが、デパート、量販店にあるのは全国に流通する商品の中のごく一部です。そこにないもので、過去に市場に出ていない作品はたくさんあります。そういったものを探してください。そして、自分の作品の土台にしてください。

大きさ、構造（しくみ）、材質などを比較しながら研究することです。類似したものが見つかったら、製品に結びついた理由、売れている理由を考えてみましょう。

★元気になれるコメント

思いつきの作品で、毎日、ワクワク、ドキドキが体験できます。

使っていいのは、タダの頭と手と足です。ムリをしてお金を使ってはいけません。

11．未完成の作品のままで、出願を急いではいけない

●ここが、チェックポイント

○○の作品、特許出願中（PAT・P）です。……、と書いて、第一志望の会社に売り込み（プレゼン）をしてください。製品に結びつく可能性があるか、科目「テーマ」の選び方、市場性があるか、方向性が間違っていないか、様子をみることが大切です。

それが、これからの町の発明家のムダのないやり方だと思います。

●とにかく、出願を急ぎたい（!?）

Q：未完成の○○の作品、出願を急いでも、製品に結びつかないのですか。

A：残念ですが、そのとおりです。

たとえば、携帯に便利で、簡単に指の先端に挿入して、外出時等の食後、間食後に歯磨きが簡単にできる指に装着して使える歯ブラシを考えました。

そのとき、急いでやってほしいことがあります。それは、先行技術（先願）のチェックをすることです。先行技術（先願）の情報が集まります。その関連した情報を整理してください。

作品が未完成のままで、出願を急いではいけない。……、という意味が理解できます。

そこで、思いついただけの、しかも、未完成の「指に装着できる歯ブラシ」の完成度を高めることです。説明図（図面）を描いて、説明文（明細書）を書いて、手作りで試作品を作り、魅力がある作品にまとめることです。それがポイントです。

だから、いまは多くの人が喜んで使ってもらえるように作品の完成度を高めることです。力を注ぐことです。そうすれば、製品に結びつきます。

だけど、初心者の町の発明家は、出願が一日遅れると、もう他の人（第三者）の権利になってしまうのでしょう。……、私が考えたのに権利はどうなるのですか、と考えて悩みます。

出願することを一番に考えるからです。

□自分で書類を書いてみる

もし、思いつきのままでもいいから、出願を急ぎたい、と思っているときは、自分で書類を書いてみることです。

そうすれば、先行技術（先願）など、関連の情報が少なくて、明細書の【背景技術】、【先行技術文献】、【発明の概要】、【発明が解決しようとする課題】、【課題を解決するための手段】、【発明の効果】、【図面の簡単な説明】、【発明を実施するための形態】、【符号の説明】など、全部が書けなくて、書類がまとめられないことがわかります。

ここまで説明しても、中には一日も早く出願ができるのだったら、プロに頼んで、30万円、50万円の費用がかかってもしょうがないですよ。初期の投資ですよ。○○の作品は、きっと、近い将来、数百万円、いや数千万円の「ロイヤリティ（特許の実施料）」につながるのです。だから、……、と簡単に答える人もいます。

お金を使ってプロに依頼すれば、たしかに、出願は簡単にできます。ところが、高ぶった気持ちが落ちついたとき、こんなはずじゃなかったのになあー、と思ってしまうのです。

お金を使って、プロに頼んだのに〝製品に結びつけましょう〟と誰もいってくれません。

お金を使っても〝製品に結びつくパスポート〟を発行してくれたわけではないからです。

●出願は簡単にできたとしても、製品に結びつけるのは、何倍も難しい

「ロイヤリティ（特許の実施料）」につながる作品は、過去の統計をみれば、「１０００に３つ」くらいです。あとの９９７は、迷案、珍案、愚案です。

出願は簡単にできたとしても、製品に結びつけるのは何倍も難しいです。

私は、「１０００に３つ」を「１００に３つ」にしたいのです。本書で、そのことを教えたくて書きました。ぜひ、チャレンジしてみてください。

全国には、町の発明家が何万人もいます。最初の作品は、思いついただけです。

そこで、次のようなことを質問します。
□先行技術（先願）はどういったものがありましたか。
□説明図（図面）を描いてみましたか。
□説明文（明細書）を書いてみましたか。
□手作りで、試作品を作ってみましたか。
□便利になったか、○○の作品の効果も確認しましたか。
そういったことの確認がすんでいれば、魅力があるから製品には結びつきますよ。

製品に結びついた人の話を聞いてみても、最初の作品であたった人は1人もいません。

作品は未完成なのに、夢中になりすぎました。

それで、、自分の作品を冷静に見れなかった、といいます。

だから、いま、あなたが一日も早く出願をしたい。……、と思っている作品の出願、チョットまってほしいのです。

製品に結びつかない、一番の理由は、以前に同じ作品があったからです。

だから、先行技術（先願）を調べることが大切なのです。

先生は〝発明は誰にでもできる〟といつもいっていますよね。それなのに話が少し違うような気がしますが、……。

それは〝歌は誰にでも歌える〟というのと同じです。

ただ、プロの歌手になれる人は少ない。……、ということです。

どの分野でも、そうだ、と思います。プロになるには、大変な努力が必要です。そんなにあまいものではありません。そこで、いろいろなことにチャレンジしてほしいのです。

たとえば、

□「発明・アイデアコンクール」に応募することです。

□「日曜発明学校」で発表「プレゼン」をすることです。

□家族に聞いてみることです。

□友人に聞いてみることです。

□そして、自分で判断することです。

過去の1年間の特許の出願件数を調べてみると、約32万件です。そして、それらの中で権利が取れるのが約４割です。この４割の中に入って、初めて特許（発明）といえるのです。

だから、特許（発明）の仲間入りをしても、製品に結びつくのは、その何倍も難しいです。

そこで、出願をする前に、指に装着して使える歯ブラシは、特許出願中（ＰＡＴ・Ｐ）です。……、と書いて、第一志望の会社に手紙で売り込み（プレゼン）をして様子をみることです。出願料などをムダにしない方法として、効果的なやり方だと思います。

もちろん、書類はいつでも出願できるように、まとめておいてくださいね。

これで、準備は、ＯＫです。

●○○の作品の完成度を確認しよう

出願を急ぐ前は、とりあえず、「指に装着できる歯ブラシ」は、○○年○月○○日に考えました。……、といえるように創作した事実を残しておいてほしいです。公証役場も利用できます。郵便切手の日付（○○年○月○○日）の消印を利用することもできます。

書類を書くのは、作品の完成度を確認するために大切なことです。

また、そのポイントは、随時記録しておきましょう。

そして、書類を一つ書くことは、書類の書き方の本を10冊読むよりも実力が付くといわれています。それは内容の整理ができるからです。

書いてみると、たしかに、上手く書けないところがあります。だけど、出願をしなくても大丈夫です。……、とか、書類は書かなくてもいいのです。……、といっているわけではありませんよ。

思いつきで、しかも、作品は、未完成のままで出願だけを急いではいけませんよ。……、といっているのです。本当に勘違いだけはしないようにお願いします。

売り込み（プレゼン）をした第一志望の会社から、検討したいので書類を見せてください。……、といった朗報がくるように、書類にまとめておくことです。

12. 完成度が高く、製品に結びつく作品なら、出願は急ごう

●ここが、チェックポイント

「特許情報プラットフォーム（J-PlatPat）」で調べた先行技術（先願）の公報が、出願書類をまとめるときの一番の参考書になります。

同じような作品に興味がある会社も見つかります。出願人のところを見てください。会社名が書いています。

ここで、プレゼン「売り込み」をしたい第一志望の会社を決めることができます。

●○○の作品は新しいか、確認しよう

ここでは、いま、製品にしよう。……、と思っている科目「テーマ」の作品が本当に新しさ「新規性」がありますか、先行技術（先願）は、ありませんか、身近な事例を紹介しながら調べ方を

一緒に「学習」しましょう。

●とにかく、作品が未完成のままで出願を急いではいけない

○○の作品の権利を取りたくて、一日も早く出願をしたい、と考えているでしょう。

本当の「目標」は、権利を取るために、作品が未完成なのに出願を急いで、特許（発明）などの知的財産権の権利を取ることでしたか、……、そうじゃなかったですよね。第一志望の会社に、○○の作品「特許出願中（PAT・P：パテントペンディング）です」と書いて、売り込み「プレゼン」をして、製品に結びつけてもらうことじゃなかったですか。

だから、作品が未完成のままで、出願を急ぐことは、ちょっとまってほしいのです。いまの状態では、出願料（特許印紙代）の1万4000円がムダになるからです。

●とにかく、情報を集めよう

そこで、これは、という作品の科目「テーマ」を決めたら、過去にどういった先行技術（先願）があったか「特許情報プラットフォーム（J-PlatPat）」で調べましょう。情報を集めましょう。先行技術（先願）の書類が一番の参考書になります。これで、準備が整いました。

次は、説明図（図面）を描くことです。説明図（図面）を見ながら、手作りで試作品を作ることです。

最初は、試作品を自分で試してみることです。便利になったか、効果が確認できます。上手くいったら、今度は、いろいろな人に使ってもらうことです。すると、多くの人が、これは使いやすい、素晴らしい、といった評価をしてくれます。

だから、ムリをして、特別な料金を支払って、特急電車に乗らなくても、普通電車に乗って確実に製品に結びつくゴール（製品化）をめざしましょう。

●先行技術（先願）の情報が活きる

今度は、先行技術（先願）の情報を活かしましょう。

出願書類の書き方で悩んでいた人、朗報です。その公報が一番の参考書になります。

明細書の書き方、図面の描き方、符合の名称の書き方などの悩みが一気に解決します。

パソコンのワード（Ｗｏｒｄ）で書類を作成するとき、コピペ「コピー・アンド・ペースト（Copy and Paste）」を最大限に活用できます。

「売り込み（プレゼン）」をしたい第一志望の会社が、まだ、見つかっていない人、朗報です。同じような作品に興味がある会社が見つかります。出願人のところを見てください。会社名が書いています。５～10社くらいチェックしてください。

ここで、第一志望の会社を決めることができます。製品に結びつけてもらえるように、その会社の事業内容を研究することです。傾向と対策を練るのです。思いを込めて深く研究すれば、あなたの素晴らしい作品は、近い将来、製品に結びつきます。

先行技術（先願）の調べ方が不安なときは気軽に相談してください。一緒にパソコンを使いながら調べてみましょう。

13．製品には、簡単にできる

●ここが、チェックポイント「題材・トイレットペーパー」

トイレットペーパーに問題（文字、数字の組み合せ）と答えを印刷した「トイレットペーパー」を考えました。

作品の売り込み（プレゼン）をするとき、手紙の書き方がポイントになります。

第一印象がとても大事だからです。

手紙を開封したとき、第一志望の会社の担当者に作品の印象が残るように心を込めて書いてください。きっと嬉しい返事が届きます。

●まず、過去にどんな「トイレットペーパー」があったか、調べよう

先生、このトイレットペーパーは、子どもが喜んでくれる作品です。勉強が好きになるキッカケになりそうな作品だ、と思っています。説明図（図面）を描きました。説明文（明細書）を書きました。アドバイスをお願いします。

トイレの時間が楽しくなりそうですね。ここで、まず、過去にどんな「トイレットペーパー」があったか、一緒に調べましょう。

この「トイレットペーパー」の検索のキーワードを「検索画面」に、たとえば、「学習　トイレットペーパー」と入力します。「検索実行」をクリックしてください。「トイレットペーパー」に関する情報が見つかります。

□一日も早く、出願をして、製品に結びつけたい

本人は、一日も早く、出願をして、製品に結びつけたい。……、と思っています。

先行技術（先願）を調べれば、ある程度の状況がつかめます。

ところが、初心者は、こういったことを、誰に相談したらいいのか、信頼して相談ができる人がいないのです。売り込み（プレゼン）の仕方もわからなくて困っています。

□会社は、社外から、作品の提案を待っている

一方、会社は、新製品を開発したいから、社内、社外から、いつも新しい作品の提案を待って

います。すぐに、製品に結びつく、素晴らしい作品がないか探しています。

たとえば、「洗濯機の糸くず取り具」、「オセロ（オセロゲーム）」、「ゴキブリホイホイ」なども、社外の作品を採用したものです。

それが「ヒット商品」につながったのです。だから、あなたの素晴らしい作品、書類にまとめて、売り込み（プレゼン）をすることです。

●○○の作品を製品にする方法は

どうすれば、製品にできますか。

では、ここで、簡単に説明しましょう。

次のような方法で製品にできます。

□①会社と「ロイヤリティ（特許の実施料）」の契約をする方法

契約金　30～100万円くらい

ロイヤリティ（特許の実施料）　2～5％

……、の条件で、会社と契約をする方法です。

□②会社に特許（発明）の権利を売ってしまう方法

一時金を100万円とか、200万円をもらって、名義を変更して権利を譲り渡してしまう方法です。

特許（発明）の権利を売ってしまうのです。だから、その後、製品がたくさん売れても「ロイヤリティ（特許の実施料）」はもらえません。

□③資本家と共同で製品にする方法

特許（発明）などの知的財産権を中心にして、資金を出してもらい、新しい会社を作り、資本家と共同で製品にする方法です。

最初、上手くいきそうだ、と思って、ムリをします。それで、……、ところが、作品に対する考え方が一致しなくなり、トラブルがおきるケースが多いようです。

□④自分でお金を出して製品にする方法

製品にする方法で、一番早くて簡単なのは、自分でお金を出して製品にすることです。

お金を出せば製造業者が喜んで製品にしてくれます。だから、すぐに製品にできます。

だけど、製品を作っても消費者が買ってくれるかが問題です。「製品と商品」の意味が違います。

だから、この方法がいい、というわけではありませんよ。

そのワケは多額の資本金がいることです。

製造方法も、わかりません。販売ルートもありません。だけど、作品には自信をもっています。

5段階で5の評価で、素晴らしい。……、と発明家は思っています。

それなのに、販売ルートがない。……、ウーン、とても心配です。

準備をしなければ、上手くいきませんよ。……、わかっていますよね。

その結果、何年もの間倹約して貯めたお金を使い果たしてしまうのです。それで、家族を泣かせるケースもあります。

私が一番おすすめしたいのは、「①の方法」です。会社と「ロイヤリティ（特許の実施料）」の契約をする方法です。

14.「個人の特許（発明）」と「会社の特許（発明）」のまとめ方は違う

●ここが、チェックポイント

どんなときでも、チャレンジしてほしい科目「テーマ」があります。それは、体験、知識が豊富で大好き「得意」な分野です。

その理由は、○○の作品を完成させるために、何時間も、何日も、時間をかけなくても問題が簡単に解決できるからです。

ここで、計画通りに実行できなくて、ウッと、考え込んで悩んでいる人は、科目「テーマ」の選び方に問題があります。

自分の力より少しでいいです。レベルをさげてみてください。

●一人の豊富な体験、知識、技術で問題を解決する

「個人の特許（発明）」と「会社の特許（発明）」のまとめ方は違います。

特許（発明）は、単なる思いつきではありません。○○の構造上の欠点、使い方などの問題を技術的に解決する手段です。……、と特許法に書いてあります。

物品の形状、構造（しくみ）の説明図（図面）が描けて、説明書（明細書）が書けるという意味です。

たとえば、タイピンを使わなくても、ワイシャツに固定できるネクタイを考えました。

このネクタイは、説明図（図面）が描けて、手作りで試作品が簡単に作れますよ。

……、すると、便利になったか、効果もすぐに確認できます。

ネクタイは、大好き「得意」な分野です。

豊富な経験、知識、技術があります。だからこそ、問題が簡単に解決できます。

□高齢者でも使いやすいスマートフォン（!?）

たとえば、高齢者でも使いやすいスマートフォンを考えました。作品に思いやり、優しさがあって、とてもいいことです。だけど問題があります。それは、スマートフォンは、機械、電気、通信、情報システム工学など、幅広い経験、知識が必要だ、ということです。いくら便利なものです。……、といわれても困ります。「スマートフォン」の改良について、豊富な経験、知識、技術がなければ、一人で問題を解決することができないからです。

□問題の解き方がわからない(!?)

問題の解き方がわからないと、単なる思いつきです。特許(発明)とはいえないのです。格好良くチャレンジしても思いつきだけで解き方を説明できなければ、一人では特許(発明)を完成させることができないのです。

特許(発明)を楽しむためには、体験、知識が豊富で大好き「得意」な分野から科目「テーマ」を選ぶことです。そうすれば、第一志望の会社の担当者に得意になって、売り込み(プレゼン)ができますよ。得意なことです。だから、説明に説得力があります。

すると、会社の担当者も本気になってくれます。そして、製品に結びつけてくれるのです。

●得意な人が作業を分担して、作品を完成させる

会社（企業）は、特許（発明）のまとめ方が違います。社内の改善、提案は作品の内容を「社内の提案用紙」に書くだけです。

社内で提案が採用されれば、いろいろな分野の担当者が作業を分担して、作品を完成させるわけです。

技術的に問題がないか、製品に結びつく可能性も担当者がチェックします。

会社の作品「職務発明」は、全体の何分の一かを担当すればいいのです。

そうか、得意な人が○○の分野を担当するわけですね。

個人で作品を創作するときは、発想から問題の解決まで、すべて一人の体験、知識の範囲内でまとめます。だから、体験、知識が豊富で大好き「得意」がポイントになるのです。

★元気になるチェックポイント

あなたの趣味が特許（発明）に活かせます。趣味が実益につながります。

手作りで、試作品が作れないのではなく、作れる、と思うことが大切です。

だから、嫌い「不得意」な分野、苦手な分野にチャレンジしてはいけません。

第2章

作品に磨きをかければ製品に結びつく

1. メモと落書きが製品に結びつくヒントになる

●ここが、チェックポイント

○○の作品を思いついたとき、あまり価値がないなあ～、……、と思うこともあります。それが気になるときは、関連の情報を集めて、説明図（図面）を描いて、説明文（明細書）を書いて、内容を書きとめておきましょう。

あとで、思わぬ重要な意味をもつこともあります。

説明文（明細書）を書くのもメモが大事です。続けていると、いつのまにか上手くなっています。

●「研究ノート（発明ノート）」

Q：どうすれば○○の作品は上手く製品に結びつきますか。……、何かヒントがありませんか。

A：一番簡単な方法は、思いついたことは、何でも結構です。「研究ノート（発明ノート）」にメモを取る習慣をつけることです。

作品が製品に結びついた町の発明家は、ヒントの大・小にかかわらず、いつもメモを取っていた。……、といいます。そのメモの数がポイントになっていたのです。

自分でまとめやすい形式の「研究ノート（発明ノート）」を作りましょう。自己流で大丈夫です。

たとえば、次に説明するように、出願書類の「明細書の項目」に合わせるのも一つの方法です。特許の出願書類をまとめるとき、そのまま使えます。

これからは、「研究ノート（発明ノート）」をいつもポケット、バッグの中にしまっておきましょう。

□メモが提案文につながる

そして、これは、と思ったこと、他の人（第三者）から聞いた、ちょっといい話、新聞、雑誌などで参考になった記事、テレビ、ラジオで耳にしたこと何でも結構です。メモを取ってほしいのです。手帳が手元にないときは、箸袋の裏、名刺の余白部分に書くのもいいでしょう。何気ない会話のメモが提案文につながります。

その提案が売り込み（プレゼン）をしたい第一志望の会社の担当者、会社のときは、上司の心を動かすのです。すると、それにプロの企画開発の担当者が参加してくれます。

夢、憧れ、希望などをメモすることは、知らず、知らずのうちに、○○の作品を製品に結びつける力が身についているのです。どんなヒット商品でも、きっかけはメモです。

だから、説明文を書くのが上手くなりたいと思っている町の発明家に、メモを取りましょう。……、と私は口ぐせのようにいっています。

説明文を書く、ということは、簡単なメモを取るクセをつけることからです。

だから、思いついたこと、何でも書きとめておきましょう。

いままでも、ときどき、ノート、手帳、家計簿などの余白部分にちょっとした感想を書いたりしていたでしょう。それでいいのです。

学生の頃を思い出してください。教室でノートに先生の似顔絵を描いて、その下に一言コメントを付けて、それを回覧して、クスクス、と思い出し笑いをしたことがあったでしょう。その一言が立派な説明文だったのです。

□とにかく、書いてみよう

だから、思いついたこと、感動したこと、何でも結構です。とにかく書いてみましょう。

それがメモの原則です。手を動かしていると「頭（あたま）」、「脳（のう）」が次第に活発になっていきます。

手にペンをもって考える。……、ということはいいことです。

メモを見ていると、連続的に別のイメージが浮かんできます。それをすかさず書きとめることです。すると、考えがつながっていきます。内容も深まっていきます。また、予測もしなかった方向に飛躍することもあります。その飛躍を忘れずに書き残すのもメモです。

出願書類の書き方の参考文献は、拙著『特許出願かんたん教科書』（中央経済社）、『一人で特許の手続きをするならこの1冊』（自由国民社）、『完全マニュアル！ 発明・特許ビジネス』（日本地域社会研究所）などがあります。図面の描き方の参考文献は『これでわかる立体図の描き方〔基礎と演習〕』（パワー社）などがあります。

《メモ・MEMO》

【書類名】　明細書
【発明の名称】
【技術分野】【0001】
【背景技術】【0002】
【先行技術文献】
　【特許文献】【0003】
　【特許文献1】
【発明の概要】
　【発明が解決しようとする課題】【0004】
　【課題を解決するための手段】【0005】
　【発明の効果】【0006】

【図面の簡単な説明】【０００７】
【発明を実施するための形態】【０００８】
【符号の説明】【０００９】

※用紙の大きさは、Ａ列４番「Ａ４」（横21㎝、縦29．７㎝）です。白紙を使います。余白は、左右、および、上下に各２㎝を取ります。活字の大きさは、10ポイントから12ポイントです。書き方は、左横書きにします。１行は、40字です。１ページは、50行以内です。

●作品の「完成度」を確認しよう

○○の作品が製品に結びつかないことがあります。
そのときは、
□「物品の形状」は、これでいいか。
□「構造（しくみ）」が複雑になっていないか。
□これで、消費者は、本当に喜んで使ってくれるか。
□買ってくれるか。
……、などを一緒に考えてみましょう。

それが上手くいかないときは、どこかに、まだ、解決していない問題が残っています。ここで、さらに作品に磨きをかけるため、もう一度、試作品を作ってみましょう。実験（テスト）をしてください。便利になったか、効果を確認してみましょう。作品の完成度が確認できます。

2. 他の人（第三者）がヒントにしたくなるような作品にまとめよう

●ここが、チェックポイント

最初から、○○の作品の売り込み（プレゼン）が、上手くいってほしいです。だけど、第一志望の会社の担当者に相手にされないこともあります。

そのときは、うぬぼれ心を奮いおこすことです。

そこで、人がマネをしてくれるものができるまで、改良を加えて、少なくても10件くらいの作品にチャレンジしてみましょう。

マネされたら困ります。……、というのができるまで頑張りとおす強い意思が必要です。

●「題材・たまご焼き用のフライパン」がすぐに製品になりそうな気になっている

○○さんは、誰でも簡単に、たまご焼きが作れるように、たまご焼き用のフライパンを考えました。

本人は、作品が最高に素晴らしい。……、と思っています。いま夢中になっています。

しかも、すぐに作品が製品に結びつきそうな気になっています。

そんなに甘くはないですか(!?)

自分で考えた作品は最高です。……、と思うのは誰でも同じです。

そして、その次に考えることは、たまご焼き用のフライパンの形「物品の形状」を、そのままヒントにされたら大変だ！　という被害者意識です。

そこで、ムリをして、30万円も、50万円も使って、すぐにプロに依頼して1日も早く出願をしよう。……、と考えます。これで、出願は簡単にできるでしょう。だけど、あなたが一番ほしいのは製品に結びつくパスポートですよね。

だけど、お金を使っても、誰も、製品化のパスポートは発行してくれませんよ。それが問題なのです。

□夢中になってもいい、でも、少し冷静になってみよう

夢中になることは、いいことです。でも、少し冷静になることも必要です。

そんなことをいわれても、特許（発明）、意匠（デザイン）は急いで出願をして、権利を取らないと作品が他の人（第三者）に模倣されても何もいえないでしょう。

ウーン、その気持ちもわかります。だけど、思いついただけではいけません。

関連の情報を集めましょう。説明図（図面）を描いてみましょう。説明文（明細書）を書いてみましょう。手作りで、試作品を作ってみましょう。便利になったか、○○の作品の効果が確認できます。

そのとき、自分だけで、最高だ！　と思ってはいけませんよ。

私だって、正直な気持ち、素晴らしいですね。……、といってほめたいです。

経験の浅い人ほど、自分の作品に惚れ込む度合いが強いです。

それも仕方がないことかもしれませんね。「発明講座」に入学したばかりの人に共通していえます。だから、作品をヒントにされたりするのではないか。……、と心配せずに、知人、先輩に聞いてもらって、アドバイスをしてもらいましょう。

ここでは、とりあえず、○○年○月○○日に考えました。……、といえるように創作した事実を残しておくことです。

そうすれば、作品が熟成するので、製品に結びつきます。また、他の人（第三者）があなたの作品をヒントにしてくれます。それくらいでないと、素晴らしい作品ですね。……、といってもらえないのです。……、自分のやり方を信じてください。

そして、自分を信じて、もっと、もっと前進してください。

●作品のレベルがどれくらいか、他の人（第三者）に評価をしてもらう

○○の作品を、他の人（第三者）が模倣したりしないのか。……、と心配するのは、それだけ自信があるからです。だから、そう思うことはとても大切なことです。

それを確認しましょう。それと、同時にどれくらいのレベルか、他の人（第三者）に評価をしてもらうのです。

そのためには、積極的に、特許出願中（ＰＡＴ・Ｐ）です。……、と書いて、売り込み（プレゼン）をすることです。すると、たまご焼き用のフライパンが製品に結びつくのか、そのレベルがはじめてわかるのです。

そのとき、その評価がチャンスだ、と思ってください。作品をさらに便利だ、といってもらえるように改良を加えればいいからです。

そこで、また自慢してください。これで完全です。……、といいます。しかし、それでも人生は自分の思っているとおりにはいかないものです。だから、チャレンジするのです。

その結果、たまご焼き用のフライパンも、製品に結びつくゴール（製品化）が見えてくるのです。

だから、一般的にみて、10件から、15件ぐらい考えて、はじめて一つぐらいが製品に結びつく、というのが普通のようです。

エジソン、松下幸之助でも、製品に結びついたのは、10件目か、12件目ぐらいの作品だった、といわれています。だけど、たいていの人は、５件か、６件ぐらいまではがんばります。でも、それくらいでは製品に結びつかないようです。だけど、その後が続かないのです。そこで、あきらめてしまうのです。

□スタートしたばかりなのに、……

スタートしたばかりなのに、私には才能がない、と思い込んでしまうのです。ここが町の発明家の第一の壁です。

特許（発明）、意匠（デザイン）だけでなく、著作権（権利は自然発生）でもそうです。

たとえば、ポスターの絵を描きました。動物のパンダ、コアラの人気にあやかってぬいぐるみを作りました。それに子どもをおんぶさせました。

このぬいぐるみ、ヒントにされそうでとても心配です。

作品は素晴らしいかも知れません。だから、マネされたら困ります。……、と思う気持ちも良くわかります。原稿でもそうです。雑誌、新聞のコラムの欄に投稿したら、もう雑誌に掲載が決まったような気になっています。

3．その分野の製品を把握しよう

●ここが、チェックポイント

量販店などの売り場で市場調査をしながら、自分の作品と同じようなものを作っている会社を調べることです。

日頃から、業界紙などにも目を通しておくと、同じ分野の技術で新製品を多く出している会社、町の発明家の作品を歓迎している会社の情報も集まります。

●「題材・目盛りを付けたまな板」知的財産権に興味がある会社を見つけよう

たとえば、食材を同じ大きさに切れるように「まな板」に目盛りを付けたまな板を思いついた。……、としましょう。

それから、製品に結びつけるためにどんなことをしなければならないのか、ここで一緒に考えてみましょう。

目盛りを付けたまな板は、自分では素晴らしい作品だ！　……、と思っています。

では、特許情報プラットフォーム（J-PlatPat）で、先行技術（先願）を調べてみましょう。すると、同じようなものが見つかることもあります。

○○会社が、目盛りを付けたまな板の製品を作り、すでに、量販店、専門店などで販売しているケースもあります。

だから、この時点では、情報を集めることだけを考えてください。

説明図（図面）を描いて、説明文（明細書）を書いて、手作りで、試作品を作り、実験（テスト）に、時間を費やす前に、

□同じような作品の先行技術（先願）がないか

□すでに販売されていないか

○○の作品の分野の商品を把握することです。

売り場を探訪するうちに、改良点、製品に結びつくヒントも見つかります。作品の市場もわかります。新たな作品が浮かぶことだってあります。同じ分野で、すでに市販されている製品の長所、欠点について確認することもできます。

先行技術（先願）を調べるとき、会社で出願をしているところも一緒にチェックしてください。特許（発明）などの知的財産権に興味がある会社です。

また、売り込み（プレゼン）をしたい第一志望の会社を決めていなければ、ここで決めることができます。

このように情報が活かせるのです。やってきたことは、ムダにならないのです。

さっそく、インターネットを使って、会社の事業内容を調べましょう。そして、傾向と対策を練りましょう。

恋をするときだって、○○さんと相思相愛になるためには、相手のことを良く知ることが大切でしょう。

売り込み（プレゼン）の方法ですが、私は手紙が一番いいと思っています。手紙だと、先方の予定を聞かなくてもいいからです。

Q：手紙を送るとき、封筒の表の「あて名」は、どのように書いたらいいのですか。

A：たとえば、社外アイデア企画開発担当者 様 「社外アイデア提案書」在中……、と書いてください。あて名は手書きで書くのがいいでしょう。

そのとき、丁寧（ていねい）な字で、しかも楷書で書くように心掛けてください。

目盛りを付けたまな板の優れているところをたくさん、PRしてください。そして、作品のデビューのチャンスをつかんでください。返事は早ければ早いほど期待ができます。

売り込み（プレゼン）の手紙の書き方はあとで説明します。

●面接で売り込み（プレゼン）をしたい

面接で売り込み（プレゼン）をしたいときは、先方に予約をしてください。

予約をしないで、会社を訪問しても「商品企画」の担当者は、会ってくれませんよ。

たとえば、友人を紹介してもらうとき、お見合い（婚活）をするとき、を想像してください。最初は、お互いの写真を交換しますよね。気に入ったら、先方の都合のいい日を聞いて○月○○日、デートをしてください。……、とお誘いするでしょう。

だから、直接会社に行って、売り込み（プレゼン）をしたいときは、面接のお願いの手紙を書くことです。それからです。

□時間をかけて、説明してはいけない

予約が取れたら、５分か、６分くらいの短い時間で、目盛りを付けたまな板のセールスポイントなどを簡潔に説明できるように練習してください。

それから会社を訪問してください。そのとき、関連の情報、説明図（図面）、説明文（明細書）、手作りの試作品を活用してください。売り込み（プレゼン）をするとき、30分も、１時間も、時間をかけて説明してはいけませんよ。

目盛りを付けたまな板に興味を示してもらえなければ、時間をかけて説明しても心も開いてくれないし、耳も傾けてくれません。それでは、お互いに時間をムダにするだけです。

たとえば、カラオケは、約3分か、4分くらいです。本人は気持ち良く歌っています。だけど、興味がなければ他の人（第三者）は聞いていません。

最後に拍手はしてくれますよ。でも、それではさみしいです。

売り込み（プレゼン）をして、いい感触が得られても、すぐに製品に結びつくわけではありません。社内では、その製品の価値、価格、販売戦略、流通ルート、製造技術、コスト、パッケージ、製品のデザインなど、あらゆる観点から製品に結びつけるために検討します。

製品に結びつく方向へと進展したときは、売れるようにさらにデザイナーがデザインを変更することもあります。だから、3カ月、6カ月、1年単位で考えてください。

4．心を込めて作った試作品なら、あなたの思いも伝わる

●ここが、チェックポイント
手作りの、試作品で大丈夫です。だから、心を込めて作ってください。

試作品を作れない理由を上手く説明してはいけませんよ。マイナス思考はいけません。

彼女（彼）は、毎日、イキイキしている、前向きなあなたが大好きです。

●「題材・孔を開けた包丁」試作品は、言葉で説明するより何倍も説得力がある

たとえば、包丁の側面に小さな孔を開けて、キュウリ、ハムがくっつかないように包丁を改良すればもっと便利で使いやすくなります。

こんな「孔を開けた包丁」があったらもっと助かるのに、……、といって「包丁」の工夫をします。

それから、特許（発明）に興味を示します。すると、特許（発明）ざんまいの毎日です。

そして、自分が手間暇をかけて作品を育てます。たとえば、考えたものは、子どもを育てるようなものです。……、といわれるくらい、その作品に愛情と発想力を注ぎます。

だから、思い入れも相当だ、と思います。だけど、実際に自分のこうした、思いつきを製品に結びつけるには、意外と難しいものです。

たとえば、大好きな彼に、私は料理が大好きです。……、といいたいでしょう。

そして、自分で作った料理を食べてほしくて、手作りの弁当を作るでしょう。

それは、言葉で説明するより何倍も説得力があるからです。気持ちが伝わります。それと同じだと思います。

自分では上手く問題を解決できたつもりでも、使ってみるとそうでもないことが良くあります。いろいろな問題が浮かびあがってくるものです。

では、ここで具体的な事例で説明してみましょう。

●マジックテープ（登録商標）を付けて布団のシーツがズレないようにした

夜寝るときに布団のシーツがズレます。それで、ズレないようにするためにシーツとふとんの両方にマジックテープ（登録商標）を付けて固定できるように工夫しました。

一見、この案は素晴らしい、と発明者は思ったのです。それで、説明図（図面）を描いて、手作りで、試作品を作り、使ってみました。ところが、シーツを洗濯してみたら糸くずがマジックテープにくっついてしまうのです。

マジックテープは、便利だ、と思っていましたが違うのですか。

マジックテープが悪いわけではありませんよ。使い方（用途）が問題だったのです。

このように「思いつき」、「考えただけ」の作品は、まだ、製品に結びつく完成度の高い作品とはいえない。……、ということです。

●チェック

□①いままでよりも使いやすくなりましたか。

□②○○の作品、新しい効果がありますか。

□③考えた通りに組み立てが上手くできましたか。
□④正しく動きましたか。
以上のようなことが確認されていなければ、作品は未完成です。中途半端だと、こんなハズじゃなかったのになあー。……、といったケースがおこります。

また、逆に考えていたことよりもいい方法が見つかるかも知れません。

簡単な作品ほど、関連の情報を集めて、説明図（図面）を描いて、手作りで、試作品を作ることが大切です。

私が説明図（図面）を描いて、説明文（明細書）を書いて、手作りで、試作品を作ることを強く勧めるのは、○○の作品の問題点、改良すべきところがハッキリ見えてくるからです。

自分では完成している、と思っていても、便利なものですねー、と多くの人に、いってもらえるように何度も改良を加えるのです。すると、作品も洗練されます。作品のポイントも明確になります。

初歩の町の発明家の中には、
□試作するための材料がどこに売っているのかわかりません。
□私は、生まれつき不器用です。
……、といって、積極的に試作品作りにチャレンジしない人もいます。

思いついただけの作品を頭の中だけで、これはいい、素晴らしい、と判断しています。

だから、簡単な作品ほど大きな落とし穴があります。

目の前で試作した作品を見せられると、なるほど、これは本当にすごい、と納得できます。また、すぐに、作品のいいところがわかります。

本当に使いやすいか、効果をチェックすることで、まだ、解決されていない問題点が確認できます。それから、本当の試行錯誤がはじまります。それを乗りこえてはじめて完成度の高い、製品に結びつく作品が誕生するのです。

会社はそういった作品をまっています。だって、会社は利益をいつも追求します。だから完成度の高い作品を求めるのです。

5．疑問、心配ごとは、早くなくそう

●ここが、チェックポイント
製品にするには、先行技術（先願）の有無、権利化の可能性の判断、契約条件など、市場調査とともに大切なポイントとして、忘れることはできないのです。

そのため、疑問、心配ごとは早くなくしましょう。

●疑問、心配ごと

私は、特許（発明）の学習をスタートしたばかりです。先生、いくつか疑問点があります。また、自分の作品の内容を他の人に話せなくて心配ばかりしています。それで、前にすすめません。それも初めて経験することばかりです。どうすればいいですか。

それでは、ここで、誰でも体験する、疑問、心配ごとを紹介しましょう。

参考にしてください。

●疑問「題材・ウインナーカッター」

ウインナーに、ワンタッチで切れ目を入れられる「ウインナーカッター」を考えました。

□①特許（発明）、意匠（デザイン）の知的財産権の権利が取れますか。

□②出願の書類は、何を見れば書けるようになりますか。

□③○○の作品の売り込み（プレゼン）をするときは、特許出願中（ＰＡＴ・Ｐ）です。

……、と書けばいいですか。

□④２社、３社から買いたい。……、といってきたらどうすればいいですか。

これらの疑問を解くテクニックを知っていると、近い将来、○○の作品を製品に結びつけることができます。

ついこの間もこんな相談を受けました。
□「題材・ゆで玉子の容器」
動物の顔の形が作れる「ゆで玉子の容器」を考えました。
それを、すぐに書類にまとめて、第一志望の会社に、特許出願中（ＰＡＴ・Ｐ）です。
……、と書いて、売り込み（プレゼン）をしました。
すると、ゆで玉子の容器を採用しましょう。
……、といってくれました。契約の話も順調に進んでいます。
ところが、次のようなことが心配になりました。
今後どうすればいいのか教えてください。……、といった内容の相談です。

●心配なこと

□①「特許情報プラットフォーム（J-PlatPat）」で、先行技術（先願）を調べたいです。
どうすれば調べられますか。
□②「特許出願中（ＰＡＴ・Ｐ）」ですが、出願をしてから、期間が1年6カ月たっていません。

だから、出願公開もされていません。それで契約してもいいですか。
□③相手が買いとったあとで、先行技術（先願）が見つかったらどうなりますか。
□④権利を売ってしまうときには、どんな手続きが必要ですか。
□⑤「契約書」の形式と書き方がわかりません。
だいたい以上のような内容のことです。
○○の作品を社会の役に立てたい、製品に結びつけたい、と思って、一所懸命にやってきました。それが現実になりました。
願望がかなえられた喜びと一緒に、本当かなあー、これでいいのかなあー、大丈夫かなあー、と疑問、心配が押し寄せてきます。

採用する会社も同じように疑問、心配が押し寄せてきます。

こういった疑問、心配ごとは早くなくしましょう。

6. 失敗しても大丈夫。〝失敗は、成功のもと〟

●ここが、チェックポイント

人は、誰でもどこかぬけたところがあります。それで、ときどき失敗をします。

また、それが愛嬌でもあります。

だから〝失敗は成功のもと〟など、といわれています。

●失敗の話

□一人で考えて、悩まない

○○さんが創作した作品を○○会社が採用しました。……、といった内容のことは多くの本で紹介されています。ところが失敗の話はあまり紹介されていません。

作品をまとめるとき、多くの人が、一人で考えています。それで、問題の解決、どうすればいいかと、悩みすぎます。

そこで、私は先輩の町の発明家から発明講座に入学したばかりの頃、どんな失敗をしたのか聞きました。……、それを紹介しましょう。

先輩も同じようなことで、悩んでいたのです。だから、心配しなくても大丈夫です。

参考にしてください。

特許（発明）の世界に入る動機には、いろいろなことがあるでしょう。しかし、動機がどんなことであっても特許（発明）の世界に入って、歩きはじめる道は誰でも同じです。

たとえば、次のようなケースです。

食事制限で大好きなごはんを思いっきり食べられない人のために、上げ底にした茶碗を考えました。……、気持ちだけでも満腹になれる、茶碗を上げ底にした「ダイエット茶碗」です。この茶碗を製品に結びつけたいです。

○○の作品を考えて、地位、名誉を得たいです。○○の作品を社会に役立てたいです。……、などです。

□いろいろな科目「テーマ」が気になってしまう「台所用品、健康器具、……」

先生、○○の作品の一科目「テーマ」だけにしたいのですが、他の科目「テーマ」が気になってしまいます。

たとえば、こんな感じです。数カ月前は、台所用品が得意です。……、といって、一所懸命に考えていました。

そうかと思うと、健康器具にも興味があります。それで、いまは、健康器具の改良に力を入れています。……、というように思いつくまま「落第発明」にあけくれています。

そして、あるとき○○の作品の「ロイヤリティ（特許の実施料）」が、毎月20万円になった、30万円になった。……、と嬉しい夢をみて胸をふくらませています。

今度は、私の○○の作品は製品に結びつかなくて、ダメだ、と不幸をなげきます。

それらのことは、初歩の町の発明家に共通したプロセスです。

□一人で、問題を解決しようと思っていないか

一人で、問題を解決しよう。……、と思ってはいけませんよ。

こういうときは、他の人（第三者）に相談することです。指導をしてもらうのです。

一人で悩むから、もう自分には製品に結びつく作品を考えることはできない。……、と勝手に失望したり、特許情報プラットフォーム（J-PlatPat）で、先行技術（先願）を調べないで、急いで出願をします。

さらには、作品が売れるかどうかもわからないのに、何年もかけて貯めた預金を使って、事業化に手を出して、製品を作ってしまうのです。それで、製品が売れなくて大変なことになるのです。

○○の作品を完成させるまでに時間をかけすぎています。いまは、技術開発のテンポが速いです。その結果、新しい（新製品）といえる期間が短くなりました。

それで、作品が完成したときには、「新しい」といえなくなっているのです。

□○○の作品を秘密にしない

だから、秘密にしないで、知人、友人の意見を聞き、先輩の助言をもらって失敗を避けて製品に結びつく近道を進むべきです。

少なくても家族の人には協力してもらいましょう。誰にも相談をせずに、一人で考えすぎるの

です。それでは、残念ですが、さみしい結果がまっています。

□○○の作品の試作品も出願も、プロに依頼した

初心者の○○さんの体験談です。

○○の作品の試作品を、プロに依頼しました。………、試作代は、約10万円でした。

特許の出願も、最初の作品だったのでプロに依頼しました。

試作代、出願手数料、出願審査請求料などで、お金は、約１００万円使いました。

○○さんは、試作品を見て、上手くできていたので、これなら、売り込み（プレゼン）も上手くいくだろうと思いました。

だから、すぐに第一志望の会社に売り込み（プレゼン）をしました。数日したら、……、嬉しい返事がくるだろうと、思っていました。

返事は、一週間くらいで届きました。嬉しくて、すぐに開封しました。ところが、採用しましょう。……、と書いていませんでした。

理由は、次のように書いていました。

○○の作品は、先行技術（先願）の公開公報（特開○○○○‐○○○○○○号公報）と類似しています。だから、新規性がありません。……、手紙は、数行でした。

プロにお願いして、お金を使ったのに、初歩的な理由が書かれていました。

○○さんは、この話を家族にしていないので、ウーン、お金、どうしよう。……、考え込んでいました。

これは、先輩の町の発明家の失敗から得た生の声です。

7. 自信をもって〝落第発明〟を〝及第発明〟にしよう

●ここが、チェックポイント

いま、使っている商品の不便なところを便利に改良するときでもそうです。身の回りのモノの欠点を改良するときでもそうです。製品の一部分の改良でもそうです。

あらゆるものにあてはまる「定石」のようなものがあります。

それが、次の手順です。そのうちのどの一つを除いても、それは〝落第発明〟の烙印を押されてしまいます。

●作品のまとめ方

□題材・折り目を付けた串

○○の作品のまとめ方です。一緒に考えてみましょう。

いま、だんご、焼き鳥に使っている串が少し気になっています。

そこで、ケガをしたり、口元を汚したりしないように、だんご、焼き鳥などの串を考えました。

串の途中に折り目を付けて、一つ食べ終わるごとに折れ目で串を折って食べやすいようにしたのです。

そういうときは、特許情報プラットフォーム（J-PlatPat）、で、先行技術（先願）を調べましょう。

□同じような商品と比べる

同じような商品と比べてみてください。そして、○○の商品の本当の問題は、どこか、何か、見つけてください。

そうです。自分の生活の中、仕事の中でも同じです。□ここはおかしい。□何とかならないか。

□ムリな点はないか。□ムダはないか。□ムラ（バラツキ）はないか。

……、と観察して問題をフィーリングでなく事実としてつかむのです。

□どうしてこうなるのか原因を探す

どうしてこうなるのか原因を探してください。できたら数字で見てください。

ナゼ、ナゼ、ナゼ、と問いかけてください。その原因を深く多方面から見て、問題を探すのです。その問題を解決したくて、○○の部分の改良案を考えています。

こうしたらどうか、ああすればどうか、と情報を集めながら検討しましょう。

そうすれば改良案がたくさん生まれます。その改良案を整理してまとめましょう。

一緒に製品に結びつけてくれそうな第一志望の会社を探しましょう。

具体案をまとめ、説明図（図面）を描いて、手作りで、試作品を作って、実験（テスト）をして、便利になったか、効果を確認しましょう。

さらに、もれたところはないか、もう一度確認してください。

それを整理してまとめてください。

□実際に試してみる

実際に試してみてください。上手くいかないときは、まだ、どこかに問題があります。それを見つけて改良しましょう。

ここで、また、次の改良案を考えて試行錯誤をくりかえすのです。

それで、まとまったら改良案をもう一度実施してみましょう。

□○○の作品の効果を確認

使いやすくなったか、○○の作品の効果を確認して、フォローしてください。期待どおりの効果があったかを確認することです。そして、効果があるまで、改良を繰り返して、実験（テスト）

をして、その効果が安定し、永続するまでフォローしましょう。

以上のようなことを実行すれば、製品に結びつきます。第一志望の会社に売り込み（プレゼン）をしましょう。……、結果が楽しみですね。

8．最初の「心構え」で作品の質も高められる

●ここが、チェックポイント

新しい作品を考えたとき、すぐ、判断を下すことは控えた方がいい、ということです。

それは、ブレーキとアクセルを同時に踏むようなことになりかねないからです。

判断は、できるだけたくさんの作品を考えたあとでしてください。

●素晴らしい作品だ！　と思い込んでいないか

たとえば、まな板の水切りが簡単にできるように「水切りが簡単にできるまな板立て」に関する情報をたくさん集めました。だから、「水切りが簡単にできるまな板立て」は、素晴らしい作品だ！　と思っています。

それで、すぐに、第一志望の会社に売り込み（プレゼン）をしました。

ところが、いい返事ではありませんでした。

ここは反省するところです。そのとき、次のプロセスを踏まえたかチェックしてみましょう。

その中のどれか一つを落としていると、作品が未完成のままだったりすることもあります。思いつき程度の作品でも、それがあたかも、素晴らしい作品のように思い込んでしまうケースがあります。

新しい作品を生むコツは、古い考え方を借りて、それらを組み合わせたり、修正したりして、それに新しい考えを加えたりすることです。

次のようなプロセスを踏むと効果があります。試してみてください。

□①もっと便利にしたい

誰でも、毎日の生活の中に解決したい問題があるでしょう。新しいことにチャレンジしてみたい科目「テーマ」があるでしょう。

だから、暮らしの中で困ったことはそのままにしないでほしいのです。

会社で困っている問題があるハズです。それを解決して、もっと便利なものにしてほしいのです。たとえば、廃棄物を加工したりして、人に優しく、環境にやさしい売れる作品を作ることです。このように、大なり、小なり、その要求がキッカケになります。

その要求が強ければ強いほど作品を完成させるためのエネルギーも大きくなります。

□②情報を集めよう

次に、こうした作品の芽をのばすためにあらゆる方向を調べてください。

その問題に関して、情報をたくさん集めてください。

特許情報プラットフォーム（J-PlatPat）で、先行技術（先願）を調べてください。

そして、発明（研究）ノートにまとめてください。

それについて、他の人（第三者）と話し合い、質問をして、意見を聞いてみましょう。

すると、自分自身の感覚が敏感になります。この段階が一番苦しいところでもあり、楽しいところでもあります。そして、悩みと生き甲斐がくりかえし生まれ、エネルギーも、時間も、労力も、一番多く費やすところです。

□③「頭（あたま）」、「脳（のう）」を休めよう

ここでいったん頭を休めてみましょう。

そして、潜在意識に一働きをしてもらいましょう。

そういうときは、たとえば、□散歩するのもいいでしょう。□昼寝するのもいいでしょう。□お風呂に入るのもいいでしょう。□神さま、仏さまにお願いするのもいいでしょう。□他の仕事、趣味にチャレンジするのもいいでしょう。□一切を忘れてベッドに入ってもいいでしょう。

……、準備をしたとき、たくさん集めた知識、体験が「頭（あたま）」、「脳（のう）」の中で熟成し、発酵するのをまってください。

□④解決へのヒラメキがやってくる

こうしていると、ある日突然インスピレーションがわいてきます。

解決へのヒラメキがやってきます。ここが○○の作品を製品にするためのプロセスでクライマックスになるところです。

この瞬間こそ、もっとも、心のときめきがあり「嬉しい」ときです。

□⑤論理的に「検証」しよう

この「ヒラメキ」というのは、はなやかで素晴らしいものです。

反面、頼りのないものです。そのとき、これを知性と判断力で論理的に「検証」してほしいのです。もし、それをしなかったら、糸の切れた凧のように飛んでいってしまい、手元にはもどってこないでしょう。

そこで、一歩さがって、できるだけ客観的に観察してみることです。ここで、素晴らしく優れた作品を、さらにいいものに練り直す努力も必要です。

そのプロセスで、さらにいいヒラメキを得ることもあります。作品を考えてまとめるときは、必ずこのプロセスをとおしたものでないと、未完成になってしまうことが多いようです。

そして、このプロセスは、製品に結びつく作品を生むために踏まなければならない大きな波です。同時に、また、各プロセスの中でも小さなプロセスの波になって、頭の中をくりかえします。

判断は、できるだけたくさんの作品を考えたあとでしてください。このままでは役に立たない……、とはっきりわかるまで価値があるもの、と考えた方がいいと思います。

なぜなら、それを思いついた人が、自分の○○の作品は優れたもの、……、と思い込んでいるからこそ、製品に結びつくようにまとめられるのです。

大切なのは、その能力をもっとも能率良く効果的に働かせるプロセスを理解することですね。あなたの発想力を「知性の筋肉」と考えてみてはどうでしょう。

この筋肉から最大の力を得るためには「練習」をすることです。

9．作品のレベルが「発明・アイデアコンクール」で確認できる

●ここが、チェックポイント

社外の作品を求めている会社が協賛している「発明・アイデアコンクール」は、作品を製品に結びつける、町の発明家の「登竜門」です。

●所定の応募用紙で、作品を応募するだけで、製品に結びつくか、可能性がわかる

一般社団法人 発明学会（会員組織）では、社外の作品を求めている会社が協賛している「各種発明・アイデアコンクール」を随時開催しています。

発明講座に入学したばかりの人は、ぜひ「発明・アイデアコンクール」に応募して、発明の実力を試してみてください。○○の作品を製品に結びつけるチャンスです。

□応募することで、自分の作品の実力が確認できる

スポーツと同じように、発明力を試すときには、試合に参加してみることが一番です。応募することで、自分の作品の実力が確認できます。

それが「発明・アイデアコンクール」です。上位に入賞すると、契約金は、30～100万円、ロイヤリティは、2～5％で、製品に結びつく可能性も出てきます。

メリットは、たとえば、特許などの出願をしなくても応募ができることです。また、製品に結びついていない作品なら他の発明・アイデアコンクールに応募したものでも大丈夫です。

□会社は、社外の作品を求めている

審査をするのは、社外の作品を求めている協賛会社の社長さん、企画、開発担当者です。

会社は製品に結びつきそうな特許（発明）を熱心に探しています。

みなさんの作品を製品に結びつけるためです。だから、結論が出るのも早いのです。

いままでのように、一人で苦労して何社にも、売り込み（プレゼン）をしなくてもいいのです。応募するだけで会社の社長さんが審査をしてくれるのです。

書類は公開しません。入賞したら、出願書類の書き方などを指導してくれます。

それから出願をしても遅くないので、何万円もの節約ができます。

私も一つでも多くの作品が製品に結びつくように協力します。

●「発明・アイデアコンクール」の問い合わせ先

「発明・アイデアコンクール」について、詳しい資料が必要なときは、お手数かけますが、本書を読んだ、と書名を書いて、〒162‐0055　東京都新宿区余丁町7番1号　一般社団法人発明学会「発明・アイデアコンクール」係　中本繁実あて、返信用（郵便番号・住所・氏名を書いた）の封書、または、あて名を印刷した返信用のシールと、送料手数料として、82円切手×6枚を同封し、請求してください。

10.「日曜発明学校」で売り込み（プレゼン）を体験しよう

●ここが、チェックポイント

これから特許（発明）をしようとする人も、何か特許（発明）ができた人も、一度は、「日曜発明学校」に参加してください。じかに特許（発明）というものに触れることができます。

町の発明家にとっては、またとない特許（発明）の実務教室です。発明道場です。生きた特許（発明）が体験できます。

●作品のレベルがみちがえるほど高くなる

Q：「日曜発明学校」は、どういったところですか。

A：生きた特許（発明）の学習が体験できる、特許（発明）の実務教室です。毎月一回、日曜日（または、土曜日など）に町の発明家が集まって、日曜発明学校（研究会）が開校されています。日曜発明学校は、現在、全国50数カ所で開校されています。参加費（当日会費）は、一回、1000円くらいです。誰でも参加できます。

体験相談［一回・一件］もできます。面接の相談は、予約が必要です。先輩が親切に指導してくれます。面接で、個人相談（一回・一件）も受けられます。

日曜発明学校に一度でも顔を出すと、特許（発明）のレベルがみちがえるほど高くなります。メンバーも大歓迎してくれます。

Q：私は、眼鏡を上着のポケットに入れたとき、落ちないように「クリップを付けた眼鏡」を考えています。説明図（図面）を描いて、説明文（明細書）を書いて、手作りの試作品が完成したら、日曜発明学校で売り込み（プレゼン）の体験をすればいいですか。

A：ぜひ、売り込み（プレゼン）の体験をしてください。日曜発明学校には素晴らしい作品のスポンサーになってくれる会社の社長、企画、開発担当者も来ています。

みなさんが知りたい、市場性があるか、製品に結びつく方向性などが確認できます。知的財産権の取り方、活かし方の学習もできます。

日曜発明学校は、一口でいうと、幼稚園のように初歩の町の発明家が、楽しく、特許「技術（機能）的な発明」、意匠「物品の形状（デザイン）」などの知的財産権の取り方、活かし方の学習をする学校（場所）です。

●作品の情報交換ができる

この日曜発明学校が始まったのは、昭和28年の頃です。歴史がありますよ。

東京の品川、いまのソニーの本社の隣に愛知産業という小さな会社がありました。そこの２階の畳の間に町の発明家が数人集まってセンベイをかじりながら作品の情報交換をしていました。

それが、いつのまにか、定期的に、毎月第一土曜日に集まって、発明学校を開催するようになったのです。当時の当日の会費は、30円だったそうです。

それが、口コミで町の発明家の間に知れわたり、半年もすると30人ぐらい集まるようになったそうです。

そうなると、今度は新聞が記事で紹介してくれたり、テレビ、ラジオ局の人が取材にやってきたりして、またたく間に１００人近くが集まるようになったのです。

ところが、集まる人の中にはサラリーマンが多くなって、その後、土曜日は困ります。会社の休みの日に開催してください。……、という要望が多くなりました。それで、日曜日に開催するようになったのです。これが、日曜発明学校の始まりです。

そのうち、地方の人が東京に日曜発明学校があると聞いて、わざわざ見学に来るようになりました。

その様子を見て、世話好きな有志が集まって、各地に日曜発明学校を開校してくれたのです。

まず、大阪ができました。次に名古屋ができました。それから、次々と全国に広がっていったのです。いまでは全国50数カ所で開校しています。

●東京都が後援している「東京日曜発明学校」

東京都が後援している「東京日曜発明学校（〒１６２‐００５５　東京都新宿区余丁町７番１号）」は、毎月、第三日曜日（13時〜16時30分）に開校しています。

各地の日曜発明学校によって、講義内容、時間は多少異なりますが、特許（発明）の発表（プレゼン）が中心で大体は同じです。

講師の先生、集まった人たちが意見を交換しあい、その作品を製品に結びつけるために積極的に協力しあう場になっています。作品は、毎回10件の発表の申し込みがあります。

その作品の発明者が順番に発表していきます。

次のような形で進行しています。

司会者：○○さんの作品の発表です。作品の名称は○○○○です。みなさん聞いてください。

発表者：私は、スリッパを両方向から履けるように、スリッパを改良しました。今までは、玄関で上履きに履き替えるとき、スリッパの向きをいちいち変えなければなりませんでした。

以上のような問題がありました。

そこで、スリッパの中央に鼻緒を２本、対角線状に付けました。

以上のような形（物品の形状）にして、その問題を解決しました。

その結果、こんなに便利になりました。

こんな調子で発明者は、手作りの試作品、説明図（図面）、説明文（明細書）を見てもらいながら、発明・アイデアのセールスポイントなどをＰＲします（その間、約5～6分です）。

司会者：今発表していただいた、両方向から履けるように改良したスリッパについて、何か、質問はありませんか。

参加者：私もそれに困っていたところです。とても感心しました。

参加者：うまい案だと思います。ところが、この形（物品の形状）ではスリッパの長さのバランスが悪いです。歩きづらいので、使いやすさの面で問題があります。

……、など、批評されます。

司会者：講師の方にお伺いします。両方向から履けるように改良したスリッパは、特許（発明）、意匠（デザイン）などの知的財産権の権利が取れるでしょうか。

講師　：形（物品の形状）がかわいいので、意匠（デザイン）の権利が取れるでしょう。

……、などのやりとりが行なわれます。

そのやりとりを聞いているだけでも生きた発明の学習ができます。こうして、作品の発表が全部終了します。投票用紙が全員にくばられます。

司会者：今日、発表した作品の中で一番いいと思うものに投票してください。

みんなで投票します。そして、一番票数が多かった人に、楯（またはトロフィー）と「トップ賞」の賞状が贈られます。

以上が大体のながれです。

東京日曜発明学校に参加するメリットは情報交換ができることです。初歩の人が一人で悩んでいた問題は簡単に解決します。
□先行技術（先願）は、どうすれば調べられるか
Q：特許（発明）、意匠（デザイン）を出願書類はどのように書いたらいいですか。……、などについて、教えていただけますか。
A：簡単なことです。大丈夫です。参加者は、一対一で「一回（一件）体験相談（予約が必要）」もできます。この東京日曜発明学校から生まれた小さな作品は、何万件とあって、その中か

ら実際に製品に結びついています。

東京日曜発明学校に参加して、じかに特許（発明）というものに触れてほしいと思います。

5回から、6回くらい出席すれば、特許（発明）の基礎的な経験、知識、発明力が自然につきます。


ぜひ、お友達と一緒に参加してください。初参加でも大歓迎です。

●東京日曜発明学校・会場のご案内

東京日曜発明学校（東京都後援）の最寄り駅は、「都営大江戸線（地下鉄）・若松河田駅」です。

JRなどの「新宿駅」で、乗り換えるときは、「新宿西口駅」をご利用ください。

「新宿西口駅」から、2つ目の駅（「新宿西口駅」→「東新宿」→「若松河田駅」）です。

「若松河田駅」の改札口を出た真正面に案内用の地図があります。

その地図に「一般社団法人 発明学会」の場所が表示されています。

「河田口（地上出口）」を出て、「職安通り」を左側方向へ歩いてください。
①最初の目標は、「河田口」を出て、左側に見える「交番」です。
②その次の目標は、そのまま歩道を200mくらい歩いてください。最初の「信号」です。左側

に「毎日新聞の販売所」があります。道路をはさんで、右側には「余丁町（よちょうまち）小学校」が見えます。
③そこの角を「左折」してください。一方通行の細い道です。
④10ｍくらい歩いてください。そこを、「右折」してください。ここも細い道です。
⑤そこから２００ｍくらい歩いてください。右側の5階建ての黒っぽいビルが、「一般社団法人発明学会（会員組織）」です。教室は3階ホールになります。
「若松河田駅」から、徒歩約5分です。

詳しくは、発明学校のパンフレットをごらんください。

東京日曜発明学校のパンフレットが必要なときは、お手数をかけますが、本書を読んだと書名を書いて、〒１６２‐００５５　東京都新宿区余丁町7番1号　一般社団法人 発明学会「東京日曜発明学校」係　中本繁実あて、返信用（住所・氏名を書いた）の封書、または、あて名を印刷した返信用のシールと、送料手数料として、82円切手×6枚を同封し、請求してください。一言、感想を書いていただけると嬉しいです。

★元気になれるコメント
心を豊かにして、笑顔で前を向いて歩きましょう。

まず、○○の作品に関連した情報を集めることです。

説明図（図面）を描いて、説明文（明細書）を書いて、手作りの試作品が完成したら、その次に出願書類にまとめましょう。

そのとき、書類を書く時間がない、のではなく、積極的に、時間を作りましょう。

次は、積極的に売り込み（プレゼン）をしましょう。書類を書くためにまとめた、その内容が使えます。

第3章

作品が製品に結びつくヒントは、ここにある

1. 科目「テーマ」は、同じような作品を研究しよう

●相談の内容・「カッターナイフ」の改良

私が書いた『発明！　ヒット商品の開発』（日本地域社会研究所）の本を読んでくれた、発明者の○○さんが発明学会（東京都新宿区余丁町7番1号）に面接相談にやって来ました。

小学生が使う「カッターナイフ」を改良しました。

改良した「カッターナイフ」は、こんなに便利になりました。出願したいと思っています。

特許（発明）の出願書類のまとめ方を教えてください。

そして、「カッターナイフ」を文具関係の会社に売り込み（プレゼン）をしたいです。

第一志望の会社も調べています。……、といった内容です。

さらに、「カッターナイフ」の内容を詳しく聞きました。

便利な特徴をもっていることがわかりました。……、でも、少し考えました。

すると、この構造（しくみ）では、故障しやすい。構造が複雑で、製造コストがアップします。安全面を考えると使うときに危険です。……、などの欠点が気になりました。

そのことは、本人にいえません。だから、一般的な話をしました。

そこで、いま、どんなものが市販されているか調べましたか。……、と質問をしてみました。

すると、小さいときに使ったものと自分の子どもが使っているものだけしか知りません。

……、と小さな声で答えてくれました。

そこで、私は続けて、次のように説明をしました。

●「カッターナイフ」に関連した情報を集めよう

「カッターナイフ」の改良にチャレンジしたいのですね。

それなら、これまでにどんな作品が製品に結びついているか、調べましょう。

そして、情報を集めるために「特許情報プラットフォーム（J-PlatPat）」で先行技術（先願）を調べましょう。簡単に調べられることを教えたくて、その場で、私のパソコンを使って、一緒に検索をしてみました。

次は、文房具店に行ってください。同じような商品が5種類くらいは、見つかるでしょう。それを買ってきて、構造、安全面などの長所と欠点を調べるのです。

さらに、デパート、量販店などの文房具コーナーでも調べてみましょう。

次に「カッターナイフ」のパンフレットなどを取り寄せて調べてみましょう。

インターネットで調べることもできます。

そうすると、「カッターナイフ」について情報が集まります。

それを整理すればいいのです。すると、未完成の作品が形になってきます。

だから、作品が製品に結びつくのです。そうすれば、数百万人の学童が使える「カッターナイフ」ができます。

このように説明をすると、〝なるほど〟と感心して、一つの「発明の定石」を知って喜んで帰りました。

これはすべての作品についていえることです。

しつこいといわれるくらい調べましょう。方向性、素晴らしい結果が必ず見えてきます。

2．○○の内容を秘密にしてはいけない

●自分の○○の作品は、天下一品！

神様は、考えることの大切さを人に植えつけるためか、どんなに小さな作品を創作しても、スカーッとする快感を与えてくれます。

また、創作した本人は、これは素晴らしい作品だ！と思い込むものです。そのような性質を与えています。どんな知性の高い有名人でもそうです。

自分が考えたものは、他の人（第三者）が見て、つまらない作品だ、と思われても、本人にとっては、これは素晴らしい、と天狗になるものです。

ましてて、凡人が考えた作品は、いっそう、その性質ははげしいです。したがって、誰でも自分の○○の作品は、天下一品と思い込むものです。そこから欲望が頭をもちあげます。

そこで、特許出願中（ＰＡＴ・Ｐ）です。……、と書いて、売り込み（プレゼン）をします。だけど、出願しただけで、権利は取れていません。そこで、不安になります。

□作品を模倣されたらどうしよう。

□だまされたらどうしよう。

……、というようにマイナス思考をして、悪いことばかり考えるようになります。

そこで、まず、発明者は冷静になることが大切です。自分の作品がどの程度のものか、他の人（第三者）に判断してもらうことです。

□一人よがりでは、作品を高く売りたいです。

□「契約金」の金額は、高くしてほしいです。

□「ロイヤリティ（特許の実施料）」のパーセント、高くしてほしいです。

そう思う心が強すぎると会社の社長さんに嫌われます。

欲張りすぎる発明家と手を組めば大変なことになってしまう。……、と思われ、社長さんに逃げられてしまいます。

会社の担当者が契約をしたい。……、といってきたのに、売買の交渉が上手くいかないこともあります。それは、買い手はなるべく安く買いたいと思い、売り手はなるべく高く売りたいと願うからです。そのギャップが大きすぎるのです。

だから、権利の売買は当事者が直接交渉をすると破談になるケースもあります。

そういうときは、信用のある立会人をお願いしてください。そうすれば双方をなだめながら上手くまとめてくれます。

●相手を信頼して相談しよう

次は、交渉時に、作品を模倣されはしないか(!?)と心配するのです。

それで、手のうちの全部を見せないのです。たとえば、先方が出願書類を見せてください。

……、といってきました。

そのとき、全部見せてもいいのでしょうか。そういった質問を受けます。

それに対して、いや、それはまずい。契約ができてから見せるべきだ!……、と勝手なことをいう人もいます。それは間違っています。

特許(発明)は、誰でも、夢中になってしまう〝恋愛〟のようなものです。

たとえば、つきあっていることを親に秘密にしておいて、両親に急に○○さんと結婚させてください。……、と申し出ても、許してくれないと思います。

相手を信用しましょう。そうすれば、売り込み（プレゼン）は上手くいきます。

お互い手のうちを見せあってこそ、作品が世の中にデビューできるのです。

□秘密、欲深は、一番損をする発明家のタイプ
□「洗濯機の糸くず取り具の契約金」は、０（ゼロ）円
□「洗濯機の糸くず取り具のロイヤリティ（特許の実施料）」は、３％

たとえば、「洗濯機の糸くず取り具」の作品が製品になったＳさんは、売り込み（プレゼン）をしたとき、出願書類だけでなく、その作り方のノウハウまで一切をオープンにしたそうです。しかも、「契約金」は結構です。「ロイヤリティ（特許の実施料）」は、卸売り価格の３％でいいです。……、というように相手を信頼して交渉したそうです。

それが結果的にヒット商品につながったのです。

たとえ、「契約金」がなくても「ロイヤリティ（特許の実施料）」が2～5％でもいいじゃないですか。それが大量に売れたら、毎月、受け取る金額の方がずっと大きくなります。

ロイヤリティ（特許の実施料）を高くすると、自然に売価が高くなります。すると、宣伝費が出なくなります。したがって売り上げも少なくなります。当然、ロイヤリティ（特許の実施料）

も少なくなります。また、スポンサーの儲けも少ないです。

両方ともマイナス面ばかりです。それが商売の真相というものです。

万々が一、スポンサーに作品を上手くまとめられたとしても、それは、相手に大きな貸しができたことで、次の作品を製品に結びつけてもらうキッカケにもなるでしょう。

まず、人間として欲深と不信の心を取りさることが製品に結びつくもとです。

そして、その心は、社会人としてもっとも大切な心がけです。

相手を信頼して相談しましょう。そして、製品に結びつけるために専門家の知識をたくさん、いただきましょう。

3. 〝浮気発明〟で、創造力を高めよう

●特許（発明）は、浮気をしても大丈夫（!?）

特許（発明）に興味をもちはじめた頃は、誰でも手当たりしだいに新しい作品が浮かんでくるものです。そういう人は、○○の作品を必ず製品に結びつけられる型の人です。

ところが、そういう人が、2年、3年すると姿を消してしまうケースもあります。

それは、また、なぜでしょうか。そういう人は、「文具・事務用品の分野」の作品を考えていたかと思うと、次は「健康器具の分野」の改良というように、見るもの、聞くもの、みんな科目「テーマ」にして、改良を加えようとします。

□題材・円を四角にした「口紅式のスティック糊」

たとえば、円を四角にする発想から生まれた「口紅式のスティック糊」の作品です。

「円形状のスティック糊」は、幅を広くすれば、紙との接触面が広くなります。

すると、摩擦が大きくなり、塗りにくくなります。糊を紙に対して、斜めに当てると、今度はスムースに塗れるが、紙との接触面が小さくなり効率良く塗れません。

そこで、スティック糊の塗り面を長方形にすれば、傾けても垂直に当てたときと同じ塗り幅でできると考えたのです。

長方形にすることで、糊しろの幅に応じて縦と横の幅を使い分けができます。

□題材・手のひらの指圧具

もう一つの作品は、握力が弱くなった人のために考えた「手のひらの指圧具」です。

年を重ねると、つい、健康状態が気になってしまいます。

そこで、体力を維持するために各種健康器具を買い求め、体力の維持をはかります。

ところが、握力が弱いと器具をしっかり持てません。

そこで、握力が弱くなっても、大丈夫なように器具にゴムを付けたのです。

手のひらにかけられるので、握力が弱くなっても、指を開いたり、閉じたりすることで指圧ができます。このような人を浮気発明家といいます。

●創造力を高める練習をしよう

浮気発明は、作品を創作するためのトレーニングとしては、非常に大切なことです。創造力を高める練習にはかかせないのです。

しかし、作品を製品に結びつけるために、浮気発明は、少しの期間にしてください。心を込めて、作品のことを考えないからです。作品を育てないからです。だから、中途半端な状態で、一つも製品に結びつかないのです。その結果、マイナス思考をして、私には才能がないのだ！　……、と思い込んでしまうのです。

そこで、ある一定の水準に達したら、もうどれか科目「テーマ」を一つに決めましょう。中心になる科目「テーマ」を必ずもつことです。作品が製品に結びつくためには、半年、1年と続けて深くきわめる科目「テーマ」が必要です。

恋をするときも、最初は、いろいろな人に興味をもつと思います。それでいいのです。でも、いつまでも八方美人ではいけません。これまで、いろいろな人にモテたでしょう。

そろそろいいでしょう。本命を決めましょう。一日も早く、一つの科目「テーマ」を決めることです。それが、○○の作品が製品に結びつくためには大切なことです。

4. 作品が世の中の利益につながることが大切

●発想の根本を他の人（第三者）を中心におこう

作品が世の中に出るための条件として、その創作物が他の人（第三者）のため、世の中のためになる要素をそなえていることが必要です。

世の中の利益につながる作品であることが大切だ、……、ということです。それは、発想の根本を他の人（第三者）を中心におくと、製品に結びつく本物の作品が生まれます。

製品に結びついた作品には、多くの教訓が隠されています。あとで説明すれば、何か簡単に製品に結びついたように聞こえますが、もちろんそんなことありません。

関連の情報を集めて、説明図（図面）を描いて、説明文（明細書）を書いて、試作品を作り、実験（テスト）をして、改良を重ねた結果です。最初は上手くいかなくても、失敗を重ねた悪戦苦闘の結果なのです。

それは、他の人（第三者）に喜んでもらえるように工夫したからです。

そこで、読者のみなさんには、次のことを念頭において、素晴らしい作品をぜひ製品に結びつけてほしいのです。

□一つ目、難しい科目「テーマ」は避けよう

その分野の経験、知識、技術がないと答えを見つけられません。たとえば、電車のスピードをアップするために超伝導（リニアモータ）の技術を活用することです。

あるいは、バイオ（生命工学の分野）の技術を応用して、食べものの味を良くしよう。……、と考えることです。

いま、テストの結果が、10点、20点の科目にチャレンジしようとしています。

それでは、発想が良くても、問題を解決するための解答が書けません。

その問題を解決するための手段（方法）を、説明できる経験、知識、技術のある人は別です。

したがって、最初は、職場、家庭などで直面する身近な問題に注目しましょう。

そして、どうやって解決したらいいか（？）……、と考えるようにするといいのです。

その中で、解答がすぐに書けるものを一つ選ぶのです。さらに、手作りで、試作品が作れるものにしてくださいね。自分で試作品を作れないと、お金がかかります。

なぜでしょう。それは、説明図（図面）が描けないからです。簡単なメモを書いて、人に依頼

するから、思っているとおりに試作品ができません。作品の形状、寸法など、正確に情報が伝わっていないからです。

それで、何度も作り直します。だから、お金がかかります。それでは、いつまでたっても、製品に結びつきません。その結果、創作することがイヤになってしまうのです。

大好きなことにチャレンジしましょう。そうすれば、手作りで、試作品が作れます。

また、そうすれば、お金のこと、心配しなくていいでしょう。

□二つ目、ムダなお金は使ってはいけない

創作活動の中でタダの頭と手と足を使っても大丈夫ですが、ぜったい、ムダなお金を使ってはいけませんよ。

お金を使ったから、といって、製品に結びつく作品が生まれるわけではありません。

また、製品に結びつきます。……、という保証もありません。

製品化のパスポート、誰も発行してくれませんよ。

スタートの方法を間違うと、いつまでたっても、ゴール（製品化）に、到着できません。

途中で疲れてしまいます。お金（資金）の余裕もなくなるでしょう。

作品を製品に結びつけるために、タダの頭を使いましょう。

ムダなお金を使うために、タダの頭を使ってはいけません。

□三つ目、数をたくさん提案する

素晴らしい作品が生まれる確率は、量（数）に比例するといわれています。

また、問題を解決するための手段（方法）も、一つだけではない、ということです。

とにかく、数をたくさん提案することです。

□四つ目、アイデアは愛である

発想の基本は、優しさです。

たとえば、子どもをいかに可愛くしてあげるか、といった視点をもってください。

その方がいいものができます。

□五つ目、メモを取る習慣をつける

発明、創作の第一歩は、不便なこと、困ったことを解決することです。

したがって、多くの人は、その解決方法をたくさん考えます。

たとえば、電車の中で思いついた、としても、少し時間がたつと忘れています。

そこで、思いつきのヒント、腹がたったことなどを、必ずメモを取ってほしいのです。

とりあえず、たくさん答えを考えましょう。そして、自慢してください。

5．作品が製品に結びつくかは、思いつきとヒントの数に比例する

●ヒントの数だけ楽しめる

特許（発明）の学習をスタートしてまもない人のお話です。

私はすぐに10件の作品を思いつきました。それで、すぐに日曜発明学校に入学しました。その作品をカバンの中に大事に入れて、面接相談の担当の講師に相談しました。

ところが、その返事がみんな落第発明だ！　……、といわれてしまいました。

私には、○○の作品を製品化するためのセンスがないのでしょうか。もし、今回の作品が悪いようなら、私は作品を創作することをやめる、……、というのです。何だか軽い脅迫のような言葉です。そんなとき、私は、次のように説明します。

最初に思いつくヒラメキは、思いつきで、まだ、特許（発明）といえない作品が多いのです。だから、10個、20個のヒントを考えて、その小さな作品がすぐにお金儲けにつながるというわけにはいかないのです。

したがって、そうしたヒントを楽しみながら、少なくても、50～100個くらいは考えるのです。

そうすると、その中にピカッと光るヒントが、一つか、二つは見つかります。

それをヒントに、また、10個も、20個も考えるといいのです。その結果、ゴール（製品化）が

見えてきます。

そうです。製品に結びつく素晴らしい作品が一つ生まれるのです。……、と答えます。いい着想か、悪い着想か、大きなヒントか、小さなヒントか、それらの判断はあとまわしにしましょう。その前に、たくさんのヒントを積み重ねることです。

□製品化できる作品のヒントは、質より量を心掛ける

製品化できる作品のヒントは、質より量を心掛けてください。量、量、量、です。

そして、その中から製品に結びつく道が開けてくるのです。

良く、下手な鉄砲も数を打てば当たる、……、と特許（発明）の世界でたとえられます。

この意味は、たくさんの数を打てば、まぐれで一つぐらい当たる、……、ということではないのです。どんなに下手な人でも、一つの標的に向かって、1万回、練習をしてください。そうすれば、名手になれるという意味です。

新しい作品を考えることも同じです。最初は小さなヒントしか考えられなくても、それを続けていくうちに、大きなヒント、しかも、スポンサーがつく、立派な作品が生まれるようになるのです。

また、ヒントの数もたくさん提案できるようになれば、いい着想を見つける能力は自然にそなわってきます。

このヒントを考える発想力は決して天性のものではありません。ある程度の練習によっていくらでも伸ばすことができます。誰にも簡単にできることです。それは、

□①頭の中から特許（発明）の火を消さない。
□②毎日、5分でも、10分でもいいから、考える時間をつくる。
□③ヒントの数をたくさん提案する。
□④メモを取る習慣をつける。

……、ことです。

●つねに何かのヒントを頭の中に入れておく

たとえば、車でも、電車でもそうです。スタートするときは、大きなエネルギーが必要です。しかし、その割合に速度は出ません。

ところが、いったん走り出してしまえば、たいしたエネルギーを使わなくてもある一定のスピードを保つことができます。

新しい作品を考えることも同じです。ある一つのヒントを思いついたとします。ところが、少し考えている間にたいしたものではない。……、とわかってしまうと、考えることを1カ月も、2カ月も休んでしまうのです。

そのうち、○○さんが小さな作品で儲けました。……、といったうらやましい話を聞くと、よいしょ、と気合を入れて、また、力がわいてきて、何かを考えようとします。

しかし、また、いつの間にか忘れています。それを繰り返しているだけです。継続しないのです。それでは、いつまでたっても、ロイヤリティ（特許の実施料）につながる小さな作品は生まれてきません。

●考えることを継続することが大切

短時間でいいです。……、1日のうち、どこかで考える時間を作りましょう。

そうすれば、ヒントは必ず成長します。また、他の方面のヒントまで浮かんできます。

そのとき、頭に浮かんだヒントは、すかさずメモを取ることです。

私たちは1日のうちに、たくさんの人と話をします。テレビ、新聞、雑誌からもいろんな情報をえることができます。しかし、その内容の一つ一つを覚えることはできません。

だから、ふと浮かんだヒントも、そのときに覚えていても、その瞬間をすぎると忘れてしまい、あとで思い出そうとしてもなかなか思い出せないものです。

忘れないように、メモを取ることです。だから、発明専用の手帳を携帯しましょう。……、といつもいっているわけです。

スマートフォン、携帯電話は、多くの人が利用しています。その電話の形は、Ｉ体（アイタイ）です。今日も、アイタイと伝えるツールです。いつも楽しそうで、恋人同士っていいですね。

6．手作りで、試作品作りに力を入れる人の作品は、製品にできる

●消費者になったつもりで、便利になったか、効果を確認しよう

ここでは、手作りで、試作品を作ることが大切だ、……、ということを学習しましょう。素晴らしい○○の作品を考えました。

そのとき、最初にやってほしいことがあります。それは、「特許情報プラットフォーム（J-PlatPat）」で先行技術（先願）をチェックすることです。そのまますすめると、先行技術（先願）があり、ムダにします。パソコンの操作に自信がない人は、相談してください。一緒に検索をしてみましょう。

確認ができたら、今度は、自分で、先行技術（先願）の公報を参考にしながら、説明図（図面）を描いてみましょう。手作りで、試作品を作ってみることです。

そして、便利になったか、実験（テスト）をしてほしいのです。

だって、試作品を作る、作らないで、製品化できるか、できないかが簡単に決まってしまうのです。

そこに、作品が製品に結びつかない理由があったのです。

特許（発明）と、試作、実験（テスト）」、それは、理科と実験（テスト）よりも、ずっと重要で大切なことです。理科の実験（テスト）は、その特性を確認することが目的です。

たとえば、単三の電池を2個、直列と並列につないだとき、豆電球は、どちらが明るく点灯するか、……、という問題のとき、それを確認するために実験（テスト）をしましたよね。

□女性が考えた作品の方が製品に結びつく

ところで、特許（発明）の世界では、女性が考えた作品の方が製品に結びついています。効率がいいです。その理由は、作品を身近で、手作りで、試作品が作れるものを科目「テーマ」に選んでいるからです。

私も特許（発明）の学習をスタートしたとき、一番に教えてもらったのが、Sさんが考えた、洗濯機の糸くず取り具です。

多くの本に教材として紹介されています。その過程をご本人から聞きました。そのときのことを良く覚えています。要点を簡単に紹介してみましょう。

白のワイシャツ、セーターを洗ったあと、良く見ると、糸くずが浮いています。

それを、うどんをすくい取るように袋ですくい取ったら、……、と思ったのです。

それで、ストッキングを輪切りにして、尻を結んだのです。

それに柄を付けました。これで、糸くず取り具ができました。

そして、手作りで、試作品を使って、実験（テスト）をしてみました。すると、靴下を干したとき、糸くずが付いていないのです。それが、何日か続いたそうです。

ある日、疲れて、その手を止めてみました。すると、浮いた糸くずは、水の流れにしたがって袋の中にどんどん流れ込んでくるのです。

ハッとして、それから袋を洗濯機に取り付けたのです。

その結果、自然に糸くずが取れることがわかったのです。

もし、Sさんが手作りで、試作品を作り、便利になったか、効果を確認しなかったら、このようなヒット商品は生まれなかったでしょうね。

●作品の内容で勝負できる

製品化になった事例を紹介すると、すぐに、それでは難しい試作、お金のかかる作品はどうすればいいのですか、……、といった内容の質問を受けます。

ムリをして、お金を使って、プロの人に頼まなくても大丈夫ですよ。

そのときは、目標の第一志望の会社に、説明図（図面）と説明文（明細書）を付けて、手紙を送ってください。作品を気に入ってくれる会社をさがすことです。

その中で、一人でいいのです。気に入ってもらえたら、その人が試作品を作ってくれて、製品に結びつけてくれます。

広い世界の中で、たった一人でいいのです。その○○の作品が大好き、といってくれる会社を見つけましょう。

7. 手作りで、試作品が作れる科目「テーマ」を選ぼう

●あなたの実力にふさわしい、科目「テーマ」を選ぼう

趣味、老化防止、楽しみだけで、特許（発明）にチャレンジするときは、製品にできることを念頭におかなくてもいいでしょう。

また、科目「テーマ」を選ぶとき、説明図（図面）を描いて、説明文（明細書）を書いて、手作りで、試作品を作ることは考えなくてもいいでしょう。

□題材・ポンプ式のボトル

ところが、日頃、気になっていることがあります。それは、ポンプ式のボトルの容器内の液体が、底に残ることです。もったいないです。

そこで、最後まで使いきれるように「ポンプ式のボトル」を工夫しました。

この「ポンプ式のボトル」を製品にしたいです。少しでも世のためになりたいです。……、と心の中で思うでしょう。だったら、説明図（図面）を描いて、説明文（明細書）を書いて、手作りで、試作品を作ってみましょう。

そうすれば「ポンプ式のボトル」は製品にできます。

お金を自由に使える人は、人の力を借りて試作品を作ってもいいでしょう。

そして、実験（テスト）をしてもらってもいいでしょう。

だけど、頭の中だけで考えるくらいのことは天才でない限りみんな同じです。

それが、一歩ぬき出ているのは、説明図（図面）を描いて、説明文（明細書）を書いて、手作りで、試作品を作り、実験（テスト）をしているうちに、その手によって教えられるからです。

□身近なところから科目「テーマ」を選びましょう。

□自分の実力にふさわしい、いや、少し程度の低い分野から科目「テーマ」を選びましょう。

……、といわれるのも、自分の力で、お金をかけないで、説明図（図面）を描いて、説明文（明細書）を書いて、手作りで試作品が作れるもの、という意味です。

くりかえし、くりかえし、説明図（図面）を描いて、説明文（明細書）を書いて、手作りで試作品を作っているうちに、思考はだんだんと深まってきます。「一人一テーマ一研究」にもなります。

製品にしましょう。……、といってくれる会社が見つからないときは、次のことをチェックしてみましょう。
□頭の中だけで考えていませんか。
□説明図（図面）を描いて、手作りで、試作品を作ってみましたか。
□実験（テスト）をしてみましたか。
□「一人一テーマ一研究」をしましたか。
……、この項目に照らし合わせてみましょう。

8．考え方が逆ではないか

●権利を取ることは大切だけど

発明家が、まず、最初に心配することがあります。

□作品の内容の秘密が盗まれないか。

□権利を広く取りたい。

□他の人（第三者）にまねされない、侵されないような書類の書き方を知りたい。

□一日も早く出願をしなければ、他の人（第三者）に先に出願されてしまう。

□外国に出願をしなければ、日本だけの権利では利益が少ない。

……、など、いかにして権利を取るか、そのことだけに神経をすりへらしています。

したがって、自分で書類を書いたら間違いがおきる。それでは困る。だから、30万円でも、50万円でも、費用がかかってもプロに頼みたい。……、そういう気がおこります。

費用が１００万円くらいなら、たとえば、米国にも出願をしたい、と思うのです。

入門したばかりの発明家の相談の内容は、そのほとんどが権利を取ることです。

□物品の形状、構造（しくみ）を詳しく、具体的に書けば小さな権利は取れます。

□他の人（第三者）がまねをしそうなところが一つもありません。

□「先行技術（先願）」を調べていません。

だから、他の人（第三者）がまねをしそうな作品ではないのです。

外国に出願をしたとしても、誰も製品にしましょう。……、といってくれそうもないのです。

そういった作品が、約99％です。しかし、入門したばかりの発明家に、この気持ちから離れなさい。……、といっても、それはムリなことです。

●製品にできないときは、考え方をかえてみよう

そのように、心配で、心配でおれない心理も、また、発明家にとってはスリルがあって生き甲斐を生むもとになります。

しかし、1年か、2年やってみて、製品にできないときは、考え方をかえてみましょう。

□権利を取ることは、あとまわしにする。
□どうすれば売れる製品にできるか。
□もっと安く作れないか。
□もっとカッコいい形（デザイン）にできないか。
□もっと使いやすく作れないか。
□もっと安全に作れないか。

……、といったように、消費者の気持ちになり、タダの頭を使い、手を使い、足を動かして、さらに研究することです。消費者のニーズを探り、それに合わせることです。

その間は、先願主義、権利のことは考えてはいけません。

ひたすら、売れる製品にできることに神経をすりへらすことです。

そうなると、損得を度外視して、カッカとなります。だから、製品にできる作品を考える楽しさ、いい意味で苦しさを味わうことができます。生き甲斐を感じることができます。

これで、よし、といえるような製品にできるまで、工夫し、説明図（図面）を描いて、手作りで、試作品を作ってみましょう。

そして、そのとき、先願主義、権利のことを考えればいいのです。

そのようになったとき、作品は、製品になるのです。

権利のことを心配しているうちは、製品になって、広く、深い権利が取れる作品は生まれません。

売れる作品が生まれたら、売り込み（プレゼン）をするとき、権利が取れていなくても、特許出願中（ＰＡＴ・Ｐ）でも、大丈夫です。

会社（スポンサー）は、「契約金」、「ロイヤリティ（特許の実施料）」を支払ってくれます。

そして、お金をもらったあとで、その権利が取れなくても返金しなくても大丈夫です。

だから、発明家も、発明2年生になると、権利を取ることに頭を使うよりも製品にできて、売れるようにエネルギーを注ぐべきです。

第4章

作品が製品に結びつくゴール（製品化）の決め手

1．すぐに使える、売り込み（プレゼン）の手紙の書き方

●ここが、チェックポイント

もう少しで、ゴール（製品化）です。

自分自身の手で「目標」を実現させましょう。

「目標」の第一志望の会社に売り込み（プレゼン）をして、製品に結びつけてもらいましょう。

その結果、○○の作品、契約ができました。……、といった嬉しいお便りをまっています。一緒にお祝いしましょう。

●一番の問題は、第一志望の会社に、どうやって、作品を製品に結びつけてもらうか

□題材・レモンを絞る袋

○○さんは、輪切りにしたレモンを絞るとき手が汚れてしまうので、上手く絞れるように円形の袋状の「レモンを絞る袋」を考えました。

すぐに、先行技術（先願）も調べました。

製品化をしてもらいたい、目標の第一志望の会社も調べて、決めました。

会社の事業内容も調べて、傾向と対策も練りました。

関連の情報を集めて、説明図（図面）を描いて、説明文（明細書）を書いて、手作りで、試作品を作り、使いやすいか、実験（テスト）をして、効果も確認しました。

作品の内容を書類にまとめました。

だから、「レモンを絞る袋」を製品に結びつけたいです。だけど、製品化は、作品を思いつくこと、出願をすることの何倍も難しい、と聞いています。

……、次は、どうすればいいですか。

今度は、製品にできるように、売り込み（プレゼン）に力を入れてください。

真剣に作品を育ててください。全力投球をしてください。そうすれば、作品は世の中にデビューできます。

それは、ちょうど生まれた子どもに母親が、己を忘れて、乳を飲ませ、おむつを替え、衣類を加減してやるように、子育ては、心身を使わなければいけないのです。

たとえば、子育て中の母親が育児の本を熱心に読んでいる姿はまことに尊いものです。

母親は、子どもに全エネルギーをかけて育てます。

だからこそ、子どもは、育ち、世の中に出ていけるのです。

●優秀な作品を考えた人ほど依頼心が強い

○○の作品は優秀なのに、自分で育てようとしない人もいます。

たとえば、こんな感じです。

○○の作品を製品に結びつける方は、先生に一切お任せします。お願いします。

契約金は、30万円でいいです。ロイヤリティ（特許の実施料）は、3％くらいで大丈夫です。

……、というのです。まったく虫のいい話です。

それは、ちょうど、この子は私が生みました。……、とても優秀な子です。だから、育てる方は、先生に一切お任せします。お願いします。

月給をもらえるようになったら、お金は、○○銀行　○○支店の私の口座に振り込んでください。少しはお礼をします。……、というのです。それと同じです。

私は、たしかに作品の育て方は教えています。だけど、一度に何十人も、何百人も育てることはできません。

このように人任せにする作品は、よほどのものでない限り、世の中にデビューできません。

●作品のポイントだけを説明しよう

発明者は、自分の作品に関して、豊富な知識と多くの経験をもっています。

だから、つい詳しく説明したくなります。しかし、これは、考え直してください。詳しく説明すればするほど、相手に複雑な感じを与えてしまいます。

相手は使う人です。技術者ではないのです。その作品の価値を認めない。……、というのではないのです。作品の構造（しくみ）の複雑さに、いや気がして買わないからです。

だから、作品の素晴らしさを強調し、使い方については、ポイントだけを説明することです。担当者があなたの作品に対して、求める最大の目的は、その作品を会社が採用して、得る利益は何か、ということです。

その点を集中して説明してください。そして、担当者の反応を確認することです。とにかく、説明は、わかりやすいことがポイントです。

ラブレターでも、プロポーズにしても、正直、細かに複雑化してしまったら上手くいきませんよ。たとえば、長々と懇願したあとで、あなたは、僕と結婚すると、○○ビル、○○ドームの何杯分もの洗濯をすることになります。それでも、一緒になってください。……、そんなことといったら、即「ＮＯ」ですよ。

プロポーズには、美味しい料理と音楽、それに、愛しています。結婚してください。……、の優しい言葉が大切です。

■手紙の書き方《文例》

社外アイデア　企画開発担当者様
○○○○株式会社

手紙を見ていただきましてありがとうございます。

拝啓
貴社ますますご隆盛のこととお喜び申し上げます。
いつも、御社の商品「○○○○」を愛用させていただいております。
その便利さに感謝しております。
さて、今回、○○の作品を考えました。
○○の作品が製品に結びつくか、ご批評をお願いしたく手紙を書きました。
内容を簡単に説明させていただきます。
○○の作品は、
………（内容をわかりやすく書いてください）………………………………………………。

ています。すでに、関連の情報を集めて、説明図（図面）を描き、手作りで、試作品を作り、何カ月も使っ

イラスト（試作品の写真）を同封いたします。ごらんください。

余計な時間をとっていただいて恐縮ですが、企画開発部の方でご検討ください。

製品に結びつけるのが難しそうでしたら、今後の方向性など、プロのご助言、ご指示などいただけましたら幸いです。

ご無理なお願いをして恐縮ですが、今後、作品を作るとき、いい学習になりますのでよろしくご指導お願いいたします。まずは、お願いまで。

敬具

【説明図】

郵便番号・住所（フリガナ）

氏名（フリガナ）　（　歳）

TEL　FAX　E-mail

(簡単な自己紹介を書くと効果的です。出身地、趣味、得意な分野などを書くだけでもいいと思います。「経験値」、「得意技」をPRしてください。担当者も返事がしやすいと思います。)

最後までご一読いただきましてありがとうございました。

心から感謝いたします。

手紙の書き方は、だいたい以上のような形式でまとめます。参考にしてください。

手紙と一緒に「郵便番号・住所、氏名を書いた（返信用の切手を貼付した）封筒、または、あて名を印刷したシール」を入れておくと様子が早くわかります。

担当者が気に入れば、すぐに返事がきます。あとは、その返事によって行動してください。

手紙に付ける説明図（図面）は、写真のように一目でわかるので、斜視図「立体図」が一番です。普通の製図（平面的な図面）では、図面が苦手な人にはわかりにくいからです。

もし、あなたが斜視図の描き方を知っていれば、斜視図を活用してください。作品のポイントが一目で理解できます。だから効果的です。

斜視図を描くための参考文献は『これでわかる立体図の描き方〔基礎と演習〕』（パワー社）などがあります。

2. 前向きで、プラス発想のやりとりがポイント

●ここが、チェックポイント

会社の担当者が○○の作品は、素晴らしい。……、と思ってくれた時点から、町の発明家とやりとりがスタートします。

ところが、往々にして、自信をもって、開発した作品だけに自己流の採点をしています。それで、中には、他の人（第三者）の意見を素直に聞こうとしない人もいます。

気持ちは良くわかります。だけど、それでは、○○の作品を製品に結びつけるためのキャッチボールができませんよ。担当者を悩ませないようにしましょう。

いつも、〝ありがとうございます！（Thank you very much）〟ですよ。

●担当者になったつもりで、手紙を読んでみよう

Q：どのような書き方の売り込み（プレゼン）の手紙を、担当者は歓迎するのでしょうか。

A：みなさんも気になりますよね。

町の発明家が創作した、洗濯用品、家庭用品の作品を数多く製品に結びつけている会社の当者

に聞いてみました。なるほど、……、と思えるところがたくさんあります。読者のみなさんも、手紙を受け取る会社の担当者になったつもりで読んでみてください。

□嬉しいお便り

一番嬉しいお便りは、当社の事業内容をチェックして、傾向と対策を練り、提案する発明・アイデアを研究されている方です。

そして、丁寧（ていねい）な字で書いているお便りです。

「A4サイズ」の用紙一枚に、……、作品の内容を簡潔にまとめて、……、手紙を読む時間をとっていただいて恐縮ですが、○○の作品は製品に結びつきそうか作品の批評よろしくお願いいいたします。

……………………。

心を込めて書いています。それに、関連の情報、説明図（図面）、手作りの試作品のイラスト（試作品の写真）が同封されています。

作品の完成度も高く、製品に結びついたときのイメージがわかるように、パッケージなどのイラストも描いています。

心がこもった嬉しい手紙です。このような手紙なら、担当者はすぐに検討を開始します。

中には、手紙と一緒に地域の特産品を送ってくれる方もいます。この「心くばり」がとても嬉しいです。余談ですが、筆者は、洒落が大好きです。お酒も大好きです。

□実験（テスト）の結果のデータを添える

多くの会社では、製品開発のプロの担当者が日夜、仕事として、○○の分野の研究をしています。だから、思いつきの段階で心を弾ませて、売り込み（プレゼン）をしても、製品に結びつけましょう。……、と簡単にはいってくれません。

そこで、すぐに出願をして、売り込み（プレゼン）をするのではなく、最初に「特許情報プラットフォーム（J-PlatPat）」などで、情報を集めることです。

自分なりに科目「テーマ」を研究しましょう。関連の情報を集めて、説明図（図面）を描いて、説明文（明細書）を書いて、手作りの試作品を作り、実験（テスト）をして、便利になったか、○○の作品の効果を確認しましょう。

その素晴らしい、実験（テスト）の結果のデータを手紙に添えるのです。

すると、データが活きます。また、新聞などで、○○に関連した記事などが紹介されていたら、データと一緒に、記事のコピーを同封してください。

一つの技術分野をずっと研究したのです。あなたの思いが伝わり、担当者も真剣に対応してくれます。

□困ってしまうお便り

中には、担当者として困ってしまうお便りもあります。それは、ハガキ一枚のお便りです。内容は、○○の作品は必ず売れます。買ってください。……、と書いているだけです。

作品の説明図（図面）も描いていません。詳しい説明も書いていません。それなのに、いきなり、買ってください。……、といわれても、どうすることもできなくて、担当者は困ってしまいます。とにかく、内容がわからないのです。

手紙を書くのが苦手だ！……、という人は、簡単なお願いの手紙をつけて、出願書類のコピーを送ってください。

結婚の申し込みをするときも、顔写真もなく、どういう人か、性格もわからないのに、いきなり、手紙で、結婚してください。……、といわれても困るでしょう。

□事業内容と異なる作品の試作品を突然送られても困る

当社に興味をもっていただけることは、とても嬉しいことです。ありがたいことです。

当社を第一志望の会社に決めていただいたら、ホームページを見てほしいです。

事業内容、紹介しています。どんな商品を作っているかもわかります。

だけど、中には、事業内容を確認せずに、当社とは関係のない作品の試作品を送ってくる人もいます。手紙には、○○の作品はとても便利です。試作品を使ってください。……、と書いています。

どうにかして、製品に結びつけたい。……、と思っている気持ちはわかります。

だけど、製品に結びつけるまでの手順があります。

だから、試作品を見ても、すぐには、結果が出せないのです。

また、後日、○○の試作品、返送してください。……、といわれても困ります。

だから、申し訳ないのですが、すぐに着払いで返送しています。

試作品を送る前に、説明書と説明図（図面）を送ってほしいです。

事前に作品の内容の検討ができます。そして、後日、返事をさせてください。

□予約をしなくて、いきなり訪問されても困る

予約をしないで会社に直接訪ねてこられる人もいます。そこで、すぐに、○○の作品は素晴らしいです。製品に結びつけてください。……、といって、説明を始める人がいます。

担当者は、一日のスケジュールが決まっています。突然では困ってしまいます。

たとえば、○○の作品は、当社の事業内容と異なります。……、といって、断っても、30分も、1時間も説明をする人もいます。

中には、素晴らしいでしょう、……、といって、すぐに製品に結びつけてください。……、と「YESの結果」を求める人もいます。

自分の作品を一日も早く、製品に結びつけたい気持ちはわかりますが、結果を急がれても困り

ます。

その前に、当社のホームページを見て、事業内容をチェックしてほしいです。製品開発の手順があります。少し検討する時間をください。開発部の部内の会議で決めます。

その後、発明者とのやりとりがスタートします。

結婚でも、一回もデートをしなくて、いきなり、結婚してください。……、といわれても、相手の人のことを何も知らない状態で、すぐにはハイ「ＹＥＳ」と、いえないでしょう。
□「貴社で、試作品を作ってください」といわれても困る
○○の作品は素晴らしいです。だけど、家に試作品を作るための道具がありません。
だから、試作品が作れません。御社で試作品を○○個作ってください。

実際に、使ってみて、○○の作品の効果を試したいです。……、といったお便りです。

試作品は、手作りで大丈夫ですよ。関連の情報を集めて、説明図（図面）を描いて、説明文（明細書）を書いて、自分の手で、試作品を作って、使いやすいか、実験（テスト）をして、これならＯＫ！　といった自信がある完成度の高い作品にしてください。

大好きな人が、私は料理を作るのが大好きです。……、といってくれました。

私が作った弁当です。食べてください。……、といって持ってきてくれました。

あなたは、どちらが嬉しいですか。

りま す。

　だから、いつでも、どんなときでも、3つの「くばり」がとても大切です。「目くばり」、「気くばり」、「心くばり」です。

　他の人（第三者）が自分にやさしく接してくれると嬉しいでしょう。

　誰でも、いろいろな願望があります。夢のように大きいもの、すぐに手の届きそうなもの、その願望がかなえられると幸福を感じます。逆に達せられないと失望します。

　そこで、手の届きそうな願望には、いま、すぐに挑戦してみてください。

　たとえ小さくても、楽しめるものを選ぶのが一番です。

　自分に身近な願望は、多くの人も同じようにもっています。もっと便利になるように改良のメスを加えることです。すると、製品に結びつきます。

　ロイヤリティ（特許の実施料）につながる作品になっていくのです。

　大きな願望は、個人の一人の力ではすぐには、実現できるものはありません。だから、しばらくのあいだ、そっとしておいてください。

●まとめ

〇〇の作品の内容ではなく、手紙の書き方で「採用」、「不採用」が決まってしまうケースもあ

3．一気に売り込み（プレゼン）をするのが一番

●ここが、チェックポイント

□題材・ホワイトボードに付けたカレンダー

私は、ホワイトボードの日付欄とは別に、予定、メモ、伝言などを自由に書いて、用件が終われば拭きとり、消して、何度でも使うことができる「ホワイトボードに付けたカレンダー」を考えました。

「ホワイトボードに付けたカレンダー」を手作りで、心を込めて試作品も作りました。

実験（テスト）をして、便利になったか、効果も確認しました。

あとは、特許出願中（ＰＡＴ・Ｐ）です。……、と書いて、目標の第一志望の会社に売り込み（プレゼン）をするだけです。

●一番簡単な方法は「手紙」です

では、ここで売り込み（プレゼン）の手法を簡単に紹介しましょう。

あなたの素晴らしい「ホワイトボード付きカレンダー」を自分の手で、世に送り出してください。

売り込み（プレゼン）については、多くの町の発明家からいろいろな相談を受けます。

それをまとめて紹介します。多少くどい点があるかも知れませんが、ご理解ください。

Ｑ：作品の売り込み（プレゼン）はどうすればいいですか。
Ａ：一番簡単な方法は手紙です。たとえば、次のように手紙を書くだけです。

私が考えた「ホワイトボード付きカレンダー」はホワイトボードの日付欄とは別に、予定、メモ、伝言などを自由に書いて、用件が終われば拭きとり、消して、何度でも使うことができます。素晴らしい作品です。特許出願中（ＰＡＴ・Ｐ）です。

製品に結びつくか、検討をお願いいたします。

もし、あなたの作品に、特許出願中（ＰＡＴ・Ｐ）です。……、と書いてあれば、それだけで飛びついてくる可能性もあります。

メール、電話、ＦＡＸで、売り込み（プレゼン）をしたい人は、インターネットで第一志望の会社のホームページを見てください。お客様の窓口が紹介されていると思います。

先にメールで確認してみてください。

●気軽に作品の売り込み（プレゼン）をする方法

気軽に作品の売り込み（プレゼン）をする方法は、公募雑誌などで、社外の作品を求めている会社を見つけて応募することです。

たとえば、雑誌『発明ライフ』（一般社団法人 発明学会発行）には、○○の発明・アイデアを求めます。……、といった「発明・アイデアコンクール」などが紹介されています。また、町の発明家と会社を結びつける場であるコンクールが開催されています。

たとえば、町の発明家の良き相談役として、頼りにされている、一般社団法人 発明学会（〒162-0055 東京都新宿区余丁町7番1号）で主催しているコンクールは、問い合わせれば募集要項を教えてくれます。

即、コンクールで、「入選＝製品」というワケではありませんが、入選を機に会社と結びつくキッカケは作れます。信頼関係もできます。

応募要項を見ると、中には「特許庁（〒100-8915 東京都千代田区霞が関3-4-3）に出願をしてから応募してください。……、と書いてあります。

だけど、応募する時点では、出願をしていなくても大丈夫です。出願をして応募しても、「出願＝応募＝入選」するわけではないからです。

あくまでも、予選会です。事実多くの人が選外になります。

書類を請求されたときは、特許出願中（ＰＡＴ・Ｐ）です。……、と書いて、書類の写しを送ってください。審査する側の審査員には守秘義務があります。未完成のままの作品に、多額のお金を使って、ムダになりそうな出願だけはしないようにお願いします。

中学生、高校生のスポーツ大会でもそうです。地区予選からスタートして全国大会をめざします。

●とりあえず、「出願準備中＝入賞通知」をめざそう

発明・アイデアコンクールに入賞するためには、思いつきで、未完成の作品の出願を急ぐ前に優先して他にやることがある。……、ということです。○○の作品に関連した先行技術（先願）の情報を集めることです。

それから、説明図（図面）を描いて、説明文（明細書）を書いて、手作りで、試作品を作り、実験（テスト）をして、使いやすくなったか、便利になったか、○○作品の効果を確認することです。そうすれば、未完成で、不具合なところがチェックできます。

出願する前に様子がわかって、ラッキーじゃないですか、それをくりかえし、便利になりましたね。……、といってもらえるように改良すれば作品の完成度も高まります。

ここまでくれば「入賞」も期待できます。○○の作品は製品に結びつきます。

□売り込み（プレゼン）は、マスコミを利用することができる

売り込み（プレゼン）は、新聞、雑誌、テレビ、ラジオなどのマスコミを利用することもできます。マスコミは、いつも、読者、視聴者が喜びそうな情報をまっています。

新聞、雑誌、テレビ、ラジオはたくさんの読者、視聴者がついています。これを利用できたら、手紙、電話での地道な努力をするよりも数倍の効果があります。

そこで、まず地元の新聞社に手紙を送ってみることです。

作品の説明と試作品のイラスト（試作品の写真）を付けて、編集長、家庭欄の担当者あてに送ってください。ここで、取材の依頼がきたらしめたものです。

もし、記事の中で、ホワイトボードを付けたカレンダーを買ってくれる会社を募集中です。……、と紹介してもらえれば、ダイレクトメール（D・M）の数１００通分の労力が軽減されます。今度は、その記事を見て、テレビ局、ラジオ局から出演してください。……、と依頼がくることもあります。

4．さあー、思いきって手紙を出そう

●ここが、チェックポイント

会社は、どういった作品の売り込み（プレゼン）をまっているのでしょうか。

それは、問題を解決する方法を研究して、すぐに製品に結びつくようにまとめた完成度の高い作品です。会社は、製品を開発するのに多額の費用を使います。

だから、思いつきだけの作品、売れるかどうかもわからない作品、先行技術（先願）の情報が少ない作品では、特許出願中（ＰＡＴ・Ｐ）です。……、といわれても、○○の作品、素晴らしいので採用しましょう。……、とはいってくれません。

●一通の手紙で、製品に結びつくか、確認ができる

○○の作品が製品に結びつくか、という面から考えると、急いで特許庁に出願をすることは、出願料（特許印紙代）をムダにするケースが多いようです。

○○の作品が製品に結びつくか、第一志望の会社に売り込み（プレゼン）をすれば、確認できます。

□題材・カード型の印鑑

たとえば、印鑑の本体の形状をカード型にしました。そして、財布などに収納して、携帯に便利なように「カード型の印鑑」を考えました。

この「カード型の印鑑」が、製品に結びつくか、一通の手紙で確認ができます。確認するために、売り込み（プレゼン）をすればいいからです。

手紙には、携帯に便利な、カード型の印鑑はとても素晴らしいです。何度も改良したので、手作りですが、試作品の完成度も高いです。写真を添付してください。そして、特許出願中（PAT・P）です。……、と書いてください。

「カード型の印鑑」について「特許情報プラットフォーム（J-PlatPat）」で、情報を集めて、研究していれば、その思いが担当者に伝わります。すると返事がきます。

Q：中本先生は、誰にでも、簡単にできるように説明してくれますが、自分は本当に文章を書くのが苦手です。

それで、上手い文章にまとめられなくて困っています。1カ月くらい悩んでいます。

A：ウーン、……、悩むところが違います。

会社の担当者は、上手い文章をまってはいませんよ。時間をかけて、文章にまとめようと気負わなくても大丈夫です。上手くまとめられないときは、出願書類が使えます。「要約書（課題・解決手段）」と「図面」がそのまま使えます。

それに、説明図（または、試作品の写真）を付けるだけでいいからです。

手紙の書き方が不安なときは、気軽に相談してください。お手伝いしますよ。パソコンを使いながら一緒にまとめましょう。

手紙の用紙のサイズは、会社の担当者が整理しやすいように、Ａ４サイズ（横21㎝、縦29・７㎝）にしましょう。そして、ファイルにとじたときでも、文字が読めるように周囲には余白（２㎝くらい）を取りましょう。

用紙は１枚か、２枚にまとめれば大丈夫です。定形の郵便物なら、82円か、92円の切手代で売り込み（プレゼン）ができます。一通の手紙で第一志望の会社の様子もわかります。担当者にはお手数かけて申し訳ないのですがよろしくお願いいたします。

模倣されたり、盗用されたりしないか。……、と心配をする人もいます。気持ちはわかります。だけど、お互いに信頼がなければ、作品は製品に結びつきませんよ。会社だって立場があります。信用をなくし大変なことになってしまうからです。

●とりあえず、創作した事実を残しておこう

とりあえず、説明文（明細書）と説明図（図面）を描いて、創作した事実を残すために、次のようなことを書きましょう。

□作品（発明）の目的（いままでの商品との比較）、□作品の構成（しくみのポイント）、□作品の実施の形態（実施例、使い方）、□作品の効果（セールスポイント）を書きます。□説明図（図面）を描きます。

その内容の事実の証明ができるようにするのです。たとえば、公証役場も利用できます。郵便切手の日付の消印を利用するのもいいでしょう。

出願をする前は、説明図（図面）を描いて、説明文（明細書）を書いて、とりあえず、創作した事実を残しておけば「カード型の印鑑」を盗用されたらどうしよう。……、といった心配もなくなるでしょう。

第一志望の会社にカード型の印鑑、良くまとめているので、そのまま製品に結びつけましょう。……、といってもらえるように、完成度を高めることです。

会社の担当者が「カード型の印鑑は、素晴らしいです。これは、売れる、契約をしましょう。……、と思ったら、□出願日はいつですか、□書類の写しを送ってください。……、といった内容の手紙がきます。

あるいは、メールがくるか、電話がかかってきます。このような返事がきたら、目標の約60％のところまで近づいた。……、と思ってください。

「カード型の印鑑」について、会社とあなたと信頼関係ができたのです。

だから、製品に結びつくように積極的に考えてくれるのです。また、あなたに作品の長所、欠点についてアドバイスもしてくれます。

たしかに、未完成で思いつきのままではいい返事はもらえませんよね。思いつきのままだと、作品に魅力がないのです。だから、返事がこないことが多いようです。

返事がこないことが「ＮＯ」の返事です。あるいは、当社では、販路がないので難しいです。……、と書いた、お断りの手紙が届くこともあります。

すると、中にはカンカンにおこって、相手を非難する人もいます。そういう、町の発明家の相談を受けることもあります。

では、会社の担当者はどういったところをチェックして「ＮＯ」というのでしょう。

チェックするのは、
□売れる作品として、期待できますか。
□原価、販売価格とのバランスが取れていますか。
□当社で取り扱える作品ですか。
□消費者のニーズにマッチしていますか。
□新規性、将来性、独自性がありますか。
□すでに、製品になっていませんか。
□品質、機能面（使いやすさ、使い勝手）、デザイン面のバランスが取れていますか。
□その作品でなければならないという理由、必然性が明確ですか。

□その作品の説明、解説は、明確な根拠にもとづいていますか。
□その作品の説明で、解説で、製品化は実現できますか。
……、などです。

●断られたとき、担当者に、その理由を聞きたい

断られたとき、会社の担当者に理由を聞きたい。……、その気持ちもわかります。だけど、がまんをしてください。聞かないでください。逆の立場になって考えると、すぐ、その理由がわかります。

あなたは、いろいろな場面で、断るとき「断る理由（NO）」を相手に、丁寧（ていねい）に説明しますか。そんなことはないでしょう。

断られる理由は、すでに本人もわかっていると思いますが、作品が未完成で、思いつきのままだからです。作品に魅力がないからです。

●製品に結びつくパスポートは誰も発行してくれない

開発途中の「カード型の印鑑」、出願のことが気になって急いで出願をしました。

そのとき、あなたのお友達は「カード型の印鑑」は、携帯に便利で、素晴らしいですね。

……、といってほめてくれるでしょう。だけど、スポンサーになってくれるわけではありませんよ。製品に結びつくパスポートを発行してくれるわけではありませんよ。

あなたが本当にほしいのは、製品に結びつくパスポートでしょう。「出願＝製品」ではありませんよ。

だから、私は、「カード型の印鑑」は、○○年○月○○日に創作しました。……、といえるように、とりあえず創作した事実だけを残しておいて、手紙に、特許出願中（ＰＡＴ・Ｐ）です。……、と書いて、売り込み（プレゼン）をして、第一志望の会社の様子を見ることをおすすめしたいのです。

書類にまとめることは、作品の完成度を高めるために大切なことです。○○の作品が未完成だと書類もまとまりません。「明細書」が書けないのです。「図面」が描けないのです。

だから、書類を一つ書くことは、書類の書き方の本を10冊読むよりも実力がつく、といわれています。それは、○○の作品の内容の整理ができるからです。

書類が上手く書けるようになれば、製品に結びつけてくれるスポンサーもあらわれます。

5. 売り込み（プレゼン）に時間を惜しんではいけない

●ここが、チェックポイント

会社の社長さんが、あなたの○○の作品を本当に気に入ってくれたら、製品にできるように作品をまとめてくれます。たとえば嫁入りと同じです。

広い世界の中で、たった一人でいいのです。○○の作品が大好きです。……、といってくれる人を見つけてください。そして、スポンサーになってもらうことです。

●売り込み（プレゼン）に力を入れよう

○○さんは、いま「洗濯ばさみ」について、改良案を考えています。

それで、「二つ型の洗濯ばさみ」について、特許情報プラットフォーム（J-PlatPat）で関連の情報を集めました。

発明家の仲間入りをしても、本当に力を入れないと製品には結びつきませんよ。

製品に結びつけるのは、作品を創作することの、それは何倍も難しいからです。

どこの会社でもいいというわけではないでしょう。

第一志望の会社を決めて、事業内容をチェックして、傾向と対策を練りましたか。

そこで、発明・アイデアを求めている会社が、求めているものをいつでも提案できるように、インターネット、新聞などで紹介されている商品コーナーなどを、まめにチェックしておくことです。

□売り込み（プレゼン）は、創作したときの何倍もエネルギーを使う

また、売り込み（プレゼン）は、作品を創作したときの何倍もエネルギーを使うことです。そうすれば、製品に結びつきます。確率もウンと高くなります。

時間が取れないから、といって、人に依頼してもいけませんよ。冷静になって考えてみてください。誰だって、自分の子育てで、手がいっぱい、いっぱいです。それなのに、他の人（第三者）の子育てを真剣に考えてくれると思いますか。

あなただってそうでしょう。本人がその気になって力を入れて、第一志望の会社に売り込み（プレゼン）をしなければ製品に結びつきませんよ。

試作品を作るときもそうです。プロに依頼すると、あなたはラクができていいかも知れません。ところが、試作品と一緒に高額（何万円、何十万円）の請求書が付いてきますよ。

スタート時点で借金をすることになるのです。

●主婦の作品は、良く製品に結びつく

関連の情報を集めることができて、説明図（図面）が描けて、説明文（明細書）が書けて、手作りで、試作品が作れるものを科目「テーマ」に選ぶと、毎日、楽しいですよ。試作代などの費用のことを考えなくていいからです。

○○の作品が製品に結びついた発明者は、例外なく「ガラクタ箱」といったものをもっています。これは、不用になった家庭用品、玩具を箱の中に入れておいて、手作りで、試作品を作るとき、それを分解して、必要な部品を利用するためです。

そうすれば、試作するために材料を買うとき、ムダなお金を使わなくてすみます。

しかも、最近は加工が簡単なプラスチック、強力な接着剤も売っています。

説明図（図面）を描いて、説明文（明細書）を書いて、手作りで、試作品を作り、実験（テスト）することは、理科の実験よりもずっと重要で大切です。

□主婦の作品は、科目「テーマ」の選び方が上手い

主婦の作品は、良く製品に結びつきます。

それは、科目「テーマ」の選び方が上手いのです。生活感のある身近で、関連の情報を集めることができて、説明図（図面）を描いて、説明文（明細書）を書いて、手作りで、試作品が作れるものの中から選んでいるからです。

関連の情報を集めて、説明図（図面）を描いて、説明文（明細書）を書いて、手作りで、試作品が簡単に作れます。だから、便利になったか、○○の作品の効果も、すぐに確認できるのです。そうです。説明図（図面）を描いて、説明文（明細書）が書けて、手作りで、試作品を作り、実験（テスト）をしないで、製品に結びつけた人は、皆無といっても過言ではありません。関連の情報を集めて、説明図（図面）を描いて、説明文（明細書）を書いて、試作品を作ることは、製品に結びつくかを左右する「心臓部」です。

製品に結びつかない一番の理由は、関連の情報を集めて、説明図（図面）を描いて、説明文（明細書）を書いて、手作りで、試作品を作れる範囲内から科目「テーマ」を選んでいないからです。

○○の作品を気に入ってもらえれば、会社で製品にできるようにまとめてくれます。

町の発明家は、決して自分にムリなことをして、お金を使ってはいけません。これは、町の発明家の鉄則です。また、とるべき姿勢といえるでしょう。

難しい試作品、お金のかかる試作なら、第一志望の会社に手紙を出して、スポンサーになってもらうことです。

6．優秀な○○の作品、さらに、完成度を高めよう

●ここが、チェックポイント

○○の作品が製品に結びつかないときは、なぜ売れない、なぜ、なぜと疑問をもち、試作、実験（テスト）、改良をくりかえすことです。

そうすれば、作品の不具合なところが見つかります。ラッキーじゃないですか、改良すればもっと便利にできます。作品の完成度も高まります。

すると、会社の担当者も気に入ってくれます。

●改良するところが見つからない

Q：作品を夢中になって考えているときは、改良するところが見つかりません。それでもいいですか。では、どういうときに反省すればいいのですか。

A：作品を考えているときには、批判することは良くありません。また、悲観的になってもいけません。

特許出願中（PAT・P）です。と書いて、第一志望の会社に○○の作品の売り込み（プレゼン）をするのです。それで、いい返事でなかったときは、反省することが必要です。作品

の批判をしても大丈夫です。

たとえば、第一志望の会社に手紙を書いて、売り込み（プレゼン）をしました。ところが、返事はお断りの手紙です。

そのとき、会社の数をふやすことも必要です。それよりも、なぜ、売れないのか。……、どこか、もっと便利にできるように改良するところはないか。……、この時点で反省をするのです。

●先輩、友人に作品の批判をしてもらおう

また、第一志望の会社から、いい返事がこなかったときは、先輩、友人に作品の批判をしてもらいましょう。その意見を素直に聞いて、改良することです。

町の発明家の話を聞くと、中には反省する心をもっていない人がいます。たしかに、あなたの自信作でしょう。だから、気持ちは良くわかります。

だけど、あなたの目標は製品に結びつけることでしょう。

それなら、素直に反省することです。それから、次の「目標」に決めていた会社に、売り込み（プレゼン）をすることです。理由が良くわかります。

たとえば、10社に手紙を出したら、７社は、丁寧（ていねい）な文面のお断りの返事がきました。３社からは、何の返事もありませんでした。どこも、○○の作品のスポンサーになりましょう。……、といってくれませんでした。

そうしたら、次は、もっと便利にできるように改良しましょう。

他の人（第三者）に使ってもらって、欠点を見つけてもらうことも必要です。

ぜひ、感想を聞いてください。……、参考になるハズです。ここで、改良してください。

そして、自分の作品の長所をさらに大きくすることです。

7. もっと磨きをかければ一流の作品になる

●ここが、チェックポイント

特許（発明）の醍醐味は、その作品の完成度を高めるための改良の過程にあります。

真の楽しさは、一試作ごとに本当のうま味が出てくることです。

たとえば、それが、どんなに苦労することであっても、そこに深い味わいを感じます。

この手を使えば、○○の作品は製品に結びつきます。

そうして、自分は、それにつれて人間ができてくるのです。

●心を込めて手紙を書いたのに

Ｑ：心を込めて手紙を書いたので、第一志望の会社から、すぐに○○の作品を採用しましょう。……、と書いた嬉しい返事がくると思っていました。特許出願中（ＰＡＴ・Ｐ）です。……、と手紙を書いて、第一志望の会社に売り込み（プレゼン）をしました。

ところが、嬉しい返事が返ってきません。

Ａ：そういうときは、売り込み（プレゼン）の手紙を読み返してみることも必要です。たとえば、売り込み（プレゼン）の内容がわからなくて、作品のポイントを理解してもらえなかったのかも知れません。それで、返事がこないときもあります。

●返信用の切手を入れたのに

こんなこともあります。

返信切手を入れているのに、返事をしない。……、それは、失礼なことではないですか、……、といってプンプンおこる人もいます。

「ＹＥＳ」か、「ＮＯ」か。ハッキリ返事をしなさい。……、といった調子です。

返事をしない理由があります。それは、作品が会社の事業内容と違うからです。

だから、会社のホームページをチェックすることは大切です。そして、売れている商品を研究することです。そうすれば、担当者に興味をもってもらえるようにまとめられます。

そうです。傾向と対策を練ることです。

簡単にできることは、たとえば、作品の内容が理解できるか、他の人（第三者）に読んでもらうことです。とくに、家族の人、友人に読んでもらって確認することです。

わずか６００字くらいです。何回、作り直しても、そう大した時間はかからないでしょう。それを繰り返していると短文が上手くなります。

自分が考えたものです。だから、本人は良くわかっています。だけど、会社の担当者はそうではありませんよ。だから、これくらいはわかるハズだ、と思ってはいけないのです。

相手はわからないことばかりです。手紙を書き直しても、なお。採用しましょう。……、と書いた返事は、１件もありませんでした。

たとえば、10人の社長さんに見てもらって、一人も共鳴してくれませんでした。

それは、○○の作品が60点以下だからかも知れないのです。

●「一人一テーマ一研究」

そのときは、「一人一テーマ一研究」で、一つのことを繰り返し、改良して、もっと便利にすることです。

たとえば、

□もっと安く作れるような構造（しくみ）にできないか。

□同じ値段で、もっと便利で用途が広くなるような構造にできないか。

□必要度が、もっと多くならないか。

……、などと考えることです。

そして、再検討しましょう。試作品を見直してみましょう。それが「一人一テーマ一研究」です。60点以下の作品を、70点、80点に高めることです。

売り込み（プレゼン）は、会社のホームページをチェックして、同種の商品を取りあつかっている会社にしてください。そのとき、会社の担当者よりはこちらの方がずっと広く、深い知識がないと相手にしてくれません。

前回より便利になりましたね。……、といってもらえるように改良することが先です。そうですね。良く、試作100回ということがいわれますが、満足できるまで改良を加えることです。そして、その方面では自分が日本一である、というところまで高めることです。それが「一人一テーマ一研究」の意味です。

相手が、ウーン、上手く考えたなあーと感心するところまでもっていくことです。

そうして、もう一度、次の「目標」に決めていた会社に手紙を書きましょう。

今度こそは、上手くいくでしょう。

売り込み（プレゼン）をするとき、試作品、見本を見てもらいたくて送る人もいます。

だけど、返送してくれないことが多いです。

それでも文句はいえませんよ。だって、会社の担当者が送ってほしい、といったわけではないからです。だから、会社の担当者が見せてください。……、といってきたときに送るようにしてください。

試作品、見本を返送してほしいときは、必ず返送料を同封するか、着払で返送してください。

……、と書いてください。

8.「専用実施権」と「通常実施権」

●ここが、チェックポイント
特許の出願をしたら、とにかく、○○の作品、特許出願中（ＰＡＴ・Ｐ）です。……、と書いて、売り込み（プレゼン）をすることです。

製品に結びつく可能性があるか、会社の様子をみることです。

そして、第一志望の会社から、あなたの作品は素晴らしいです。当社と契約してください。

……、といってもらえるように作品の完成度を高めることです。

売り込み（プレゼン）に力を入れましょう。それが、これからの町の発明家のムダのないやり方です。

●売り込み（プレゼン）をするときに、各種賞状を活用しよう

売り込み（プレゼン）をするときは、特許出願中（ＰＡＴ・Ｐ）でも大丈夫です。出願をしている。……、ということが大切なのです。

また、各種賞状を活用しましょう。効果があります。たとえば、発明・アイデアコンクール、発明展などで「○○賞」に入賞した賞状、あるいは、日曜発明学校の「トップ賞」の賞状です。

□「専用実施権」

各種賞状は、自分一人で、大丈夫、これはいい。……、と力むより他の人（第三者）が評価した証拠です。

そうすると、その権利を独占させてください。……、といってきます。それを「専用実施権」といいます。

□「通常実施権」

または、一つの作品を第一希望のA社と第二希望のB社、複数の会社と契約をすることもできます。それを「通常実施権」といいます。

だけど、実際の問題として、何社も買いたい。……、といって申し込んでくることはありません。それが普通です。

□お断りの手紙

上手くいって、契約が決まったら、他の会社にはお断りの手紙を書いてください。

たとえば、先日、提案させていただきました、○○の作品はお蔭様で○○会社に採用されました。……、と手紙を書いて、お断りしておきましょう。それが礼儀です。

「契約金」、「ロイヤリティ（特許の実施料）」のことで気になることがあります。

近い将来、万が一、書類の書き方で形式の部分で不備があったり、技術的な部分の説明が不足していて、権利が取れないこともあります。

そういうとき、もらった「契約金」、「ロイヤリティ（特許の実施料）」のお金はどうするのか心配です。

そういうときは、もらった「契約金」、「ロイヤリティ（特許の実施料）」は、返さないのが慣例になっています。

それが心配なときは、「契約書」に条件を書いておきましょう。

9．会社からくる返事の内容は

●ここが、チェックポイント

○○の素晴らしい作品、第一志望の会社に売り込み（プレゼン）をしてください。

製品に結びつくのか、それがすぐにわかります。作品の完成度が高ければ、製品に結びつく可能性も高いです。すると、返事は早いです。

●会社からの返事、具体的な事例

第一志望の○○会社に、手紙で売り込み（プレゼン）をしました。

さて、どのような返事がくるか気になるでしょう。具体的な事例を紹介します。参考にしてください。一つ一つの作品については、個人情報があります。だから、詳細な内容は公開できません。ご了承ください。

■（1）権利が取れたら

◆提案のお礼に新製品を送ってくれる会社もある

手紙を見て、○○の作品に関心をもってくれた会社であれば、たとえ提案したものが、たまたま「不採用」でも、丁寧（ていねい）な返事がきます。

たいていは、返事の手紙と一緒に1000円か、2000円ぐらいの新製品を送ってくれます。

新製品を送ってくるのは、あなたの「発明力」を高く評価しているということです。

それで、アイデアマンとしてのリストにのせてくれるということです。

もっと気に入られると、新製品を作るごとに送ってくれます。

◆気に入ってくれたら「出願審査請求書」は、会社で提出してくれる

間違いやすい返事もあります。次のような文面です。

先日、ご提案いただきました○○の作品は、まことに立派で敬服いたしました。

しかし、慎重に審議した結果、今回は、やむをえぬ事情で採用できません。

特許（発明）、意匠（デザイン）の知的財産権が取れたときには、あらためてご相談ください。

どうか、今後ともこれにこりずにご提案お願いいたします。

お礼の意味で、当社の新製品「○○○○」をお送りさせていただきます。ご笑納ください。

こういった返事をもらった町の発明家は、10人が10人、喜色満面で鬼の首でもとったような気分になってしまいます。

中本先生、まだ、出願審査請求書は、提出していません。すぐに、提出したいと思います。権利が取れたら採用してくれる。……、といってくれました。だから、1日も早く権利を取りたいです。

ニコニコして、相談にきました。ムリもありませんよね。しかし、冷静になって考えてみてください。これは呈（てい）のいいお断りの文句の一つです。

それを本気にして、あわてて高い費用を出してまで出願審査請求書「11万8000円＋（請求項の数×4000円）」を提出してはいけませんよ。本当に気に入ってくれたら、会社の方で費用も払って提出してくれます。

※出願審査請求書は、誰でも（本人、他人）提出できます。

◆NO「お断り」の返事を書くのは大変

権利が取れたら、……、とか、あるいは、当社は、町の発明家と当社の両方のために権利が取れた、特許（発明）、意匠（デザイン）以外は採用しない規定になっています。……、と書いている返事は、〇〇の作品は、あまり気に入らないからお断りいたします。……、という意味です。

つまり、〇〇の作品は、〇〇の理由でお断りいたします。……、と書くと、発明者からくどくどといい訳の手紙がくるのです。それが面倒なのです。

そこで、相手をおこらせないように断る方法として、こういった返事の手紙を書いているのです。

お友達を紹介してもらうとき、お見合い写真と同じようなものだ、と思います。

相手の人が好みでなくて断りたいとき、〇〇の理由でお断りします。……、と相手に失礼になるようなことはいわないでしょう。

ゴメンナサイ、というのもつらいのですよ。

■（2）出願日（〇〇年〇月〇〇日）は、いつか

◆出願書類の写しを送ってほしい。……、といってくる

次の例として、〇〇の作品の出願日（〇〇年〇月〇〇日）はいつでしょうか。……、と聞いてきたら、どうでしょう。

これも良くある手紙の返事の文面のパターンです。

先日、ご提案いただきました、あなたの〇〇の作品、今までのものと比べてみました。

すると、〇〇の部分に、欠点があります。

また、製造上の問題で、コストが高くなります。

ただし、せっかくのご提案です。もう少し検討させてください。内容を詳しく知りたいので、特許願の書類の写しを送ってください。拝見したいと思います。

また、出願日（〇〇年〇月〇〇日）はいつでしょうか。……、と聞いてきます。

このような返事がきたら、担当者が相当気に入っている。……、と思ってください。

書類の写しの請求があったときは、すぐ送ってください。このようなときは、半分くらいは上手くいった。……、と考えていいでしょう。

◆本当に採用したい、と思うときは、〇〇の作品をほめてくれない

本当に採用したい、と思うときは、〇〇の作品は、最高に素晴らしいですね。……、とほめてくれませんよ。

なぜだ、と思いますか。それはですね、調子に乗って法外な「契約金」、「ロイヤリティ（特許に実施料）」を希望してくるからです。

「契約金」、「ロイヤリティ（特許に実施料）」は、特許（発明）の種類によって違います。

先方に気に入られたら、特許出願中（ＰＡＴ・Ｐ）でも売買が成立する。……、ということです。製品は売り出すタイミングがポイントになります。

特許（発明）の権利が取れるまでのんびりかまえていては、製品に結びつきません。

会社では、いろいろなケースに対応できるように返事のパターンを作っています。

内容によって使い分けをしているのです。

■（3）提案の手紙、受け取りました

次のような返事がきたらどうでしょうか。

○月○○日、○○の作品のご提案の手紙、たしかに受け取りました。

ご提案いただきましてありがとうございます。

審議会にかけたいと思いますので、しばらくお待ちください。

これが普通一般の形式です。つまり、これは、○○の作品がいいとか、悪いとか、という意味ではありません。提案書を受け付けました。……、という返事です。

そして、その後、１カ月も、２カ月も返事がこないこともあります。

それは、作品が良くないか、あるいは、審議会が提案の件数が少なくて開かれないかも知れないのです。

《メモ・MEMO》

製品に結びつくもっとも遠い距離にあるといわれているのは、ここは、ＧＯなのに「５（ゴー）がナイ」町の発明家です。

「５（ゴー）がナイ」は、

□①最初に、目標、売り込み（プレゼン）をしたい、第一志望の会社を決めない。
□②先行技術（先願）の調査をしない。
□③説明図（図面）を描いて、手作りで、試作品を作らない。
□④自分で出願書類を書かない。
□⑤自分で、売り込み（プレゼン）をしない。

……、の５つです。

10．すぐに使える「契約書」の書き方

●ここが、チェックポイント

「契約金」、「ロイヤリティ（特許の実施料）」は、どれくらいですか。

これは作品の内容と種類にもよりますが、平均的にいうと次のようになります。

「契約金」…30万円から100万円くらいです。

「ロイヤリティ（特許の実施料）」… 2～5％くらい。……、というのが一般的です。

●契約書

売買の契約は、両方に欲が出るので仲に立ってもらった方が上手くまとまりやすいようです。

それで、一般社団法人 発明学会（会員組織）に仲介の労を頼む人が多いようです。

「契約書」の書き方は、普通の民法によるものと同じです。

そこで、「契約書」の書き方の一例を紹介しましょう。次の通りです。

■「契約書」の書き方

契　約　書

甲（権利者）○○県○○市○○町○丁目○番○号
○○○株式会社
乙（使用者）○○県○○市○○町○丁目○番○号
○○○○株式会社
代表取締役社長　○○　○○

甲と乙は、下記出願中の条項について社団法人発明学会立会のもとに専用実施権の設定契約をする。

第一条　甲と乙は、下記について契約をする。
特願○○○○－○○○○○○号
発明の名称　○○○○

第二条　専用実施権及び権利発生後の専用実施権の範囲は、次の通りとする。
期間　契約の日より権利存続中

内容　全範囲
地域　国内
第三条　乙は、この本契約について、質権を設定し又は他人に実施を設定してはならない。ただし、甲乙協議によって実施者を設定することができる。
第四条　乙は、自己の費用をもって権利発生後の専用実施権設定登録の手続をすることができる。
第五条　この契約によって乙は甲に対し、実施契約金として○○万円、実施料として、卸し価格の○%の使用料を支払うものとする。
第六条　前条の使用料は、経済事情その他に著しい変動が生じたときは、甲乙協議の上でこれを変動することができる。
協議がととのわないときは、立会人一般社団法人発明学会の意見にしたがう。
すでに支払われた実施契約金及び使用料は、理由のいかんを問わず甲は乙に返還しない。
第七条　使用料の支払は、毎月○○日締切りとし翌月○○日までに、一般社団法人発明学会を通じ現金をもって全額支払いをする。
第八条　甲は一般社団法人発明学会を通じて必要に応じて乙からこの本契約の実施の状況その他の必要な事項について、その報告を求めることができる。
第九条　乙は契約の日より1年以内に製造販売し、また、特別の事情がない限り1年以上にわたり製造を中止してはならない。

第十条　この本契約については、虚偽の報告、その他不法行為等があったとき、甲は損害賠償の請求をすることができる。

第十一条　第二条、第三条、第五条より第十条について、乙又は甲が違反した場合、立会人一般社団法人発明学会の了解のもとに、この契約を解除することができる。

第十二条　その他細則については、そのつど書面で定める。

以上の契約を証するため、本書3通を作成し署名捺印の上各自その1通を所持する。

○○年○月○○日

甲　○○県○○市○○町○丁目○番○号
○○　○○　（印）

乙　○○県○○市○○町○丁目○番○号
○○○○　株式会社
代表取締役社長　○○　○○　（印）

立会人　東京都○○区○○町○丁目○番○号
一般社団法人　発明学会
○○　○○　（印）

●まとめ

契約おめでとうございます。

応援してくれた人に心から感謝しましょう。

製品に結びついた人は、○○の作品を創作することは楽しい道のりだったでしょう。

思いつきの作品からスタートして、ゴール（製品化）に結びつくには、「目標」の設定が必要です。

計画と行動することです。計画は、目標の第一志望の会社を決めることです。行動は、売り込み（プレゼン）をすることです。

★元気になれるコメント

どうかな、と思うより、必ずやろう、と思うことが大切です。

売り込み（プレゼン）をした会社のことが信じられない、ではなく、信じましょう。

あらゆる機会をとらえて作品のＰＲをしよう。

あとがき〔著者から送る大事なお便り〕

●お金にかえられない楽しさ「発明道」

本書で、今まで何とも思っていなかった小さな〝思いつき〟〝ヒラメキ〟が非常に大切だ、といったことがわかっていただけたと思います。

多くの人が、毎日、何か、思いついています。それは、ほんのチョッとしたことです。それを前向きに実行すると大きな結果が生まれます。

そこで、どんなに小さな〝思いつき〟〝ヒラメキ〟でも、それをもとにして、もう一つ深い〝思いつき〟〝ヒラメキ〟をたずね、それをさらに前向きに実行します。そして、もっと役に立つように工夫します。

はじめは、「ロイヤリティ（特許の実施料）」に結びつけようと、欲から入っていきます。

ところが、前向きに実行しているうちに、だんだん面白くなってきて損得を計算しなくなります。それよりも、どうすれば、人様に役に立つようになるか、……、と懸命に考えるようになります。

そして、先行技術（先願）を特許庁の「特許情報プラットフォーム（J-PlatPat）」で調べます。

説明図（図面）を描いて、説明文（明細書）を書いて、手作りで、試作品を作ります。実験（テスト）するための材料を買ってきて、本当に上手くいくか積極的に試してみます。

そういうとき、月給が安いことも、地位が低いことも忘れて、カッカとなって夢中で考えるものです。そのときの楽しさ、そのときの生きがい、これは、お金ではかえられない楽しさです。

それを「発明道」といいます。

だから、その〝思いつき〟〝ヒラメキ〟がロイヤリティ（特許の実施料）に結びつかなくても、その真実一路をつっぱしることは、その人の修業としても、もっと尊いことです。

それによって人間がみがかれます。その結果、ひとまわり大きな人物になれます。

しかも、一人残らず〝思いつき〟〝ヒラメキ〟の過程では、大きな夢を描いています。

それは、先輩がしめした事実が潜在意識として、あなたの中にあるからです。

人間がもっている、立腹、不平、不満、心配などのあらゆる不快情緒がその夢のために消えていきます。だからこそ町の発明家は、10％も、15％も若く見えるのです。

〝思いつき〟〝ヒラメキ〟は、若返りの妙薬といえます。

●「発明貧乏」にならない方法

ここで、注意することは、「ロイヤリティ（特許の実施料）」のことをいつも頭に描いてはいけない。……、ということです。

目の前に1万円札がチラチラするような、欲が先になってはいけないのです。欲が先にくると、決して〝思いつき〟〝ヒラメキ〟そのものは、製品に結びつかないからです。

それは、欲が先にたっているからです。それでも、発明講座に入学した多くの人が一日も早く特許庁（〒100‐8915　東京都千代田区霞が関3‐4‐3）に出願をしたいと思うものです。

欲深が目の前にちらつくと、どうせ、近い将来、1000万円くらいは、「ロイヤリティ（特許の実施料）」が入ってきます。だから、いま、30万円、50万円くらいは使っても大丈夫です。初期の投資です。……、といって、すぐに出願をプロに頼む人もいます。

ところが、出願をしてみると、どうでしょう。先に、関連の情報を調べていないから、すでに先行技術（先願）があるケースが多いようです。

それを知らないで、みすみす大切なお金をムダ遣いしているケースもあります。

そのため、出願をする前に、相談する方が出願料の節約になって得策です。それが、タダの頭と手と足を使って、お金を使わないで製品に結びつける基本です。

試作代、先行技術（先願）の調査料、出願料などの費用をたくさん使ったからといって、誰も製品に結びつくパスポートは、発行してくれません。

だから、○○の作品は、特許出願中（ＰＡＴ・Ｐ）です。……、と書いて○○の作品を目標の第一志望の会社に手紙で、売り込み（プレゼン）をしてみることです。

○○の作品、製品に結びつきそうな可能性があれば返事は早いです。

ここで悩んでばかりいてはいけません。信頼が大切です。いい返事が返ってくるように作品の完成度を高めましょう。

素晴らしい作品を盗用されたらどうしよう。……、と心配な人は、いつ、○○の作品を考えたのか、作品のセールスポイント、説明図（図面）、イラスト、製品に結びついたときのイメージ図などを描いてください。そして、とりあえず、その内容の事実を残しておいてください。たとえば、公証役場も利用できます。郵便切手の日付の消印を利用するのもいいでしょう。

特許（発明）の学習をスタートして、すぐに、素晴らしいゴール（製品化）があるわけではありません。一般的には、簡単な企画書を作ることからスタートします。

それから、説明図（図面）を描いて、説明文（説明図）を書いて、手作りで、試作品を作り、実験（テスト）をして、不具合なところは、もっと便利だ、といってもらえるように改良します。そして、未完成の作品を魅力的な作品にまとめることです。

その後、技術（機能）的な作品は、特許に、物品の形状（デザイン）的な作品は、意匠などに、出願します。

企業で新しい作品を作るときも、町の発明家でも、このステップはだいたい同じです。思いつきを楽しんだり、○○の作品を製品に結びつけよう。……、と思っている人は、たとえば、日曜発明学校に顔を出してお友達をつくってください。○○の作品を発表して、完成度を確認してください。○○の作品、人気があるか、確認してください。

人が大勢いるところに出席するのが苦手な人は、著者に手紙で相談「一回（一件）体験相談」してください。

本書をお読みになって、作品を製品に結びつくように特許（発明）の学習をしたい。……、という積極的な方には、私は喜んで一般社団法人 発明学会でお会いする時間を作りたいと思っています。

〝○○はできない〟のではなく〝できる〟と思うことが大切です。

そこで、私に相談「一回（一件）体験相談（予約が必要）」を希望されるときは、相談にこられる前に、あなたの特許（発明）に関連した情報を「特許情報プラットフォーム（J-PlatPat）」で集めることです。「特許願」も一気にまとめることができます。データをＵＳＢメモリーに保存しておいてください。それを、相談のときに持参してきてください。

そして、できれば、相談は、出願をする前に、お願いします。それは、情報が少ないまま、出願をしてしまうと、あとで内容の変更ができないからです。

人を信じて、相談をしながら、作品をまとめることはとても大切です。

たとえば、デートの回数が少なく、相手の本当の気持ちを確認せずに、婚姻届は、提出しないでしょう。……、結婚をしてから、こんなはずじゃなかったのになあー、といわれても私も困ります。

町の発明家の良き相談役として、頼りにされている、一般社団法人 発明学会（会員組織）の最寄り駅は、「都営大江戸線（地下鉄）・若松河田駅」です。

ＪＲなどの「新宿駅」で、乗り換えるときは「新宿西口駅」をご利用ください。

「新宿西口駅」から、二つ目の駅（「新宿西口駅」→「東新宿」→「若松河田駅」）です。

改札口を出た真正面に案内用の地図があります。その地図に「一般社団法人 発明学会」の場所が表示されています。「河田口」を出て「職安通り」を左側方向へ歩いてください。
①最初の目標は、「河田口」を出て、左側に見える「交番」です。
②その次の目標は、そのまま歩道を２００ｍくらい歩いてください。
最初の「信号」です。左側に「毎日新聞の販売所」があります。

道路をはさんで、右側には「余丁町（よちょうまち）小学校」が見えます。
③そこの角を「左折」してください。一方通行の細い道です。
④10ｍくらい歩いてください。そこを、「右折」してください。ここも細い道です。

⑤そこから200mくらい歩いてください。
右側の5階建ての黒っぽいビルが「一般社団法人 発明学会」です。

「若松河田駅」から、徒歩約5分です。

特許（発明）を体系的に学習できる「がくぶん」の通信教育講座があります。

「アイデア商品発明講座（監修 中本繁実）」です。テキストも執筆しました。

テキスト6冊『1 アイデア着想編／2 試作編／3 アイデアチェック編／4 出願対策編1／5 出願対策編2／6 売り込み・契約編』CD-ROM1枚（特許出願書類フォーマット集、実用新案出願書類フォーマット集、意匠出願書類フォーマット集、商標出願書類フォーマット集、企業への売り込みの手紙のフォーマット、企業との契約書のフォーマット）付きです。
◆問合せ先 がくぶん「株式会社 学文社 〒162-8717 東京都新宿区早稲田町5番地4号 TEL 0120-004-252」です。

●著者があなたの作品を拝見しましょう

著者は、長年、多くの町の発明家に成功ノウハウを教えてきました。指導の実績も豊富です。

それをもとに読者のみなさんが短期間で、○○の作品を製品に結びつくように、そして、目標にしている第一志望の会社に売り込み（プレゼン）の仕方、手紙の書き方などのアドバイスをさせてください。

私をあなたの「踏み台」にしてください。そして、あなたの創作物が特許（発明）になるのか、意匠（デザイン）になるのか、などを教授させてください。

気軽に相談してください。事務的に処理しませんよ。親身になってお手伝いします。あなたと同じ立場になって応援します。

本書を読んだと、この本の書名を書いて説明書（明細書）と説明図（図面、イラスト）をお送りください。一言、本の感想も添えていただけると嬉しいです。

形式は自由です。ただし、整理がしやすいように、できれば用紙は、A4サイズ（横21㎝、縦29・7㎝）の大きさの白紙を使用し、ワープロ（Word）、または、丁寧（ていねい）な字で書いて原稿は必ず写し（コピー）を送ってください。

「返信用（返信切手を貼付、郵便番号・住所・氏名を書いてください）の定形外の封筒、または、あて名を印刷したシール」も一緒に送ってください。

相談「一回〔一件〕体験相談」の諸費用は、返信用とは別に、一件、82円切手×6枚です。これは読者に対するサービスです。

〒162-0055　東京都新宿区余丁町7番1号
一般社団法人 発明学会気付　中本繁実あて

《著者略歴》

中本繁実（なかもと・しげみ）

１９５３年（昭和２８年）長崎県西海市大瀬戸町生まれ。

長崎工業高校卒、工学院大学工学部卒、１９７９年社団法人発明学会に入社し、現在は、会長。発明配達人として、講演、著作、テレビなどで「わかりやすい知的財産権の取り方・生かし方」、「わかりやすい特許出願書類の書き方」など、発明を企業に結びつけて製品化するための指導を行なっている。初心者のかくれたアイデアを引き出し、たくみな図解力、軽妙洒脱な話力により、知的財産立国を目指す日本の発明最前線で活躍中。わかりやすい解説には定評がある。

座をなごませる進行役として、恋愛などのたとえばなし、言葉遊び（ダジャレ）を多用し、学生、受講生の意欲をたくみに引き出す講師（教師）として活躍している。洒落も、お酒も大好き。数多くの個人発明家に、成功ノウハウを伝授。発明・アイデアの指導の実績も豊富。

東京日曜発明学校校長、工学院大学非常勤講師、家では、非常勤お父さん。

がくぶん通信講座「アイデア商品開発講座」主任講師

日本経営協会　改善・提案研究会 関東本部 企画運営委員

著作家、出版プロデューサー、１級テクニカルイラストレーション技能士。職業訓練指導員。

著書に『発明・アイデアの楽しみ方』（中央経済社）、『はじめて学ぶ知的財産権』（工学図書）、『発明に恋して一攫千金』（はまの出版）、『発明のすすめ』（勉誠出版）、『これでわかる立体図の描き方』（パワー社）、『誰にでもなれる発明お金持ち入門』（実業之日本社）、『はじめの一歩　一人で特許（実用新案・意匠・商標）の手続きをするならこの１冊　改訂版』（自由国民社）、「特許出願かんたん教科書（中央経済社）」、「発明で一攫千金（宝島社）。『発明・特許への招待』、『やさしい発明ビジネス入門』、『まねされない地域・企業のブランド戦略』、『発明魂』、『知的財産権は誰でもとれる』、『環境衛生工学の実践』、『発明！ヒット商品の開発』、『完全マニュアル！発明・特許ビジネス』、『企業が求める発明・アイデアがよくわかる本』（以上、日本地域社会研究所）」など多数。

監修に『面白いほどよくわかる発明の世界史』（日本文芸社）、『売れるネーミングの商標出願法』（日本地域社会研究所）などがある。

監修／テキストの執筆に、がくぶん『アイデア商品開発講座』（通信教育）テキスト６冊がある。

こうすれば発明《はつめい》・アイデアで一攫千金《いっかくせんきん》も夢《ゆめ》じゃない！

2018年12月31日　第1刷発行

著　者　　中本繁実《なかもとしげみ》
発行者　　落合英秋
発行所　　株式会社 日本地域社会研究所
〒167-0043　東京都杉並区上荻1-25-1
TEL　(03)5397-1231(代表)
FAX　(03)5397-1237
メールアドレス　tps@n-chiken.com
ホームページ　http://www.n-chiken.com
郵便振替口座　00150-1-41143
印刷所　　中央精版印刷株式会社

ISBN978-4-89022-237-7